Lieber Jean Pierre,

wir rechnen es Dir hoch an, dass Du als einziger Sabine bemerkt hast! Hier ein Buch, das ich mit Euch durchgenommen hatte, wäre es schon geschrieben gewesen.

Sehr herzlich
Heine

15. Okt. 2007

Heinrich Wiesner · Hase Hoppel & Igel Isidor

Für Ruth und Paul Schorno

Heinrich Wiesner

Hase Hoppel & Igel Isidor
Zwei Tiergeschichten

Illustrationen Heinz Durrer

Zytglogge

Alle Rechte vorbehalten
Copyright by Zytglogge Verlag, 2007

Lektorat: Brigitte Feuz
Umschlagbild/Illustrationen: Heinz Durrer
Gestaltung/Satz: Zytglogge Verlag, Roland E. Maire
Druck: fgb · freiburger graphische betriebe · www.fgb.de
ISBN 978-3-7296-0729-3

Zytglogge Verlag, Schoren 7, CH-3653 Oberhofen am Thunersee
info@zytglogge.ch · www.zytglogge.ch

Inhalt

Hoppel, der letzte Feldhase
Der letzte Feldhase 8
Hoppel tritt die grosse Reise an 12
Wenn du eine Frage hast, frag! 15
Hoppel in höchster Lebensgefahr 20
Hoppel wird gefangen 24
Hoppel findet eine Insel 28
Durch und durch nass 31
«Bist du lebensmüde?» 36
Mit einem trockenen Fell gefällst du mir besser 37
Was für eine Gemeinheit! 42
Die kalte Zeit 45

Die Abenteuer des Igels Isidor
Die Kälte kommt 52
Mausetot 55
Ein völlig neuer Geruch! 58
Au, tut das weh! 60
Kommt man denn hier nie zur Ruhe! 62
Misslungener Fluchtversuch 64
Der Mai ist gekommen 66
Isidor begegnet seinem Bruder 68
Unglaublich, aber wahr! 70
Ein gefährlicher Kampf 72
Der Kerl wächst ja vor meinen eigenen Augen! 77
Überraschende Begegnung 80
Du duftest so gut! 82
Das süsse Geheimnis 86
Eine Leckerei besonderer Art 88
Trinken, schlafen, trinken, schlafen 92
Erstunken und erlogen! 94
Nordlage 95
Erwachen 97

Hoppel, der letzte Feldhase

Der letzte Feldhase

Natürlich war Hoppel nicht der letzte Feldhase. Er war lediglich der letzte in der Gegend. Doch wie hätte er das wissen können.

Seit Tagen suchte er nämlich nach seiner Häsin. Jedes Gräslein und jedes Kotkügelchen beschnupperte er. Jeden Wechsel* suchte er nach ihrem Duft ab. Erfolglos. Keine einzige Duftnote hatte sie ihm hinterlassen. Dabei war schon März und sein Liebesverlangen unüberwindbar. Sie hätte mit ihren Pfoten doch bloss die Backen mit den Duftdrüsen tätscheln müssen. Den Duft hätten ihre Pfoten dem Weg dann weitergegeben. Doch wie er auch suchte, er nahm nicht die Spur eines Duftes wahr. Und das nun schon die dritte Nacht. Es war zum Verzweifeln.

Als er sich nicht mehr zu helfen wusste, fragte er die Vögel. Die mussten doch den Überblick haben.

«Wir haben in letzter Zeit mehrmals einen Hasen gesehen», spottete der Eichelhäher.

Sekret aus den Duftdrüsen an der Backe wird auf Fusssohle übertragen (ergibt Duftspur).

* Wechsel: vom Wild benutzter Pfad

«Und zwar immer denselben», doppelte die Elster nach. «Wahr?»

«Mach dir nichts vor, Hoppel», tönte es jetzt im Chor aus den Kronen der Bäume, «das warst nämlich du. Wir haben dich doch erkannt.»

«Woran denn?»

«Am Gang natürlich! Jedes Tier hat seinen besonderen Gang. Du bist da keine Ausnahme.»

Sie hatten ja Recht. Er hatte die letzten Tage mehrmals den Wald abgesucht. Jeden Wechsel, jeden Strauch hatte er beschnuppert.

Schliesslich fragte Hoppel den Dachs, der als magerer Geselle den Wald nach Fressbarem durchsuchte. Da er kein Winterschläfer ist, hatte er sein ganzes Fett verloren. Hoppel fragte aus gehörigem Abstand. Beim Dachs wusste man nie.

«Hast wohl Liebeskummer, jetzt, da der Frühling im Kommen ist», brummte dieser spöttisch und ging seiner Wege.

Eine Krähe hatte sich am Waldrand niedergelassen.

«Sag, bist du der Häsin begegnet?»

«Begegnet bin ich ihr nicht.»

«Aber?»

«Kein Aber», krächzte sie. Wie hätte sie dem armen Hoppel sagen können, dass seine Häsin tot im Graben der Autostrasse* lag. Nein, das konnte sie ihm nicht antun. Sollten das andere versuchen.

Bald wusste der ganze Wald vom Unglück. Selbst der Zaunkönig im Unterholz hatte es vernommen. Doch niemand fand den Mut, Hoppel die Wahrheit in seine grossen, gelben Augen zu sagen.

Schliesslich übernahm der Fuchs die Aufgabe. Er war ohnehin kein Freund der Hasen. «Such sie nur, deine Häsin, du fin-

---

* Autostrasse: nicht zu verwechseln mit der umzäunten Autobahn

dest sie an der Autostrasse, allerdings nicht mehr lebendig. Du weisst schon, einer dieser Brummer!»

«Du lügst, heimtückischer Kerl!», rief Hoppel zornig und jagte davon. Nicht, dass der hungrige Fuchs ihm gefolgt wäre. Einen Hasen wie Hoppel hätte er nie erwischt. Der mit seinen Kreuz- und Quersprüngen.

Hoppel ging zu seinen Freunden, den Rehen. Diese machten besorgte Gesichter, drucksten herum und wollten nicht heraus mit der Sprache. Schliesslich fasste sich der Rehbock ein Herz: «Lieber Hoppel, ich will nicht lang um den grünen Klee reden. Es ist leider so. Wir fühlen, wie dir zumute ist. Es tut uns allen so Leid.»

«Alle habt ihrs gewusst», sagte Hoppel bitter, «warum ich nicht?»

«Weil der, dens angeht, immer zuletzt davon erfährt», erklärte ihm der Rehbock.

«Aber warum?», wollte Hoppel wissen.

«Ganz einfach, weil wir dich schonen wollten.»

Nun war es heraus. Jetzt brauchte er nicht mehr Tag und Nacht durch Feld und Wald zu jagen. Jetzt war er mutterseelenallein. Nun war er der letzte Feldhase. Was sollte er tun? Alle Kraft war plötzlich von ihm gewichen. Er kam gerade noch bis zur Wurzelhöhle unter der Tanne, seiner bevorzugten Sasse.*

Dort sass er. Niedergeschlagen, mit hängenden Löffeln.** Er besass nicht mehr den Mut, auf Nahrungssuche zu gehen. Wozu auch. Er empfand weder Hunger noch Durst. So gross war sein Schmerz. Er mochte nicht mehr leben.

Am dritten Tag trat der Rehbock zu ihm: «Hör mal!» Im Wald wurde es mäuschenstill. «Von den Staren, die gestern bei uns eingefallen sind, haben wir vernommen, es gebe jenseits

---

* Sasse: Hasenlager
** Löffel: Ohren

des hohen Bergs eine grosse Ebene. Dort soll es nur so wimmeln von Hasen. Sie erzählten von der grünen Brücke, die über verschiedene Hindernisse führt. Sie soll eigens für uns gebaut worden sein. Ich weiss, du wirst sie finden.»
«Willst du mich zum Narren halten?» Hoppels Stimme tönte kraftlos.
«Sind wir Freunde?», fragte der Rehbock.
«Bis jetzt waren wir es. Und du meinst …?» Er tönte schon hoffnungsvoller.
«Dass du es schaffst. Zögere nicht länger! Verlass deine Sasse! Nimm die Hinterbeine nach vorn und schiess los!»

Hoppel tritt die grosse Reise an

Zwei Tage hatte Hoppel gefastet. Er kroch aus seiner Sasse heraus und schwankte unsicher dem Acker zu. Dort gab es Wintergerste, die mit breiten Blattspitzen lockte. Beduselt wie er war, entgingen ihm die Warnsignale der Vögel. Auch das aufgeregte Gepiepse der Meisen überhörte er. Schliesslich machte ihn das dringliche Keckern des Eichhörnchens aufmerksam. Sogleich machte er das Männchen und schnupperte. Doch er bekam keine Witterung* vom Fuchs.

Diesem war Hoppels Not nicht entgangen. Darum hatte er die geschützte Sasse unter den Tannenwurzeln nicht aus den Augen gelassen. Sein Magen knurrte so laut, dass die Lust auf Hoppel unwiderstehlich wurde. Der war jetzt doch geschwächt.

Der Fuchs machte einen Umweg, damit Hoppel ja keinen Wind bekam.

Im nahen Gebüsch lauerte er ihm auf. Hoppel kam näher und näher.

Jetzt ein Sprung und zugebissen, beschloss der Fuchs und nahm einen Satz aus dem Buschwerk. Hoppel, aufgeschreckt vom Knacken, tat einen riesigen Sprung, und die Fänge des Rotrocks schnappten ins Leere. Sofort setzte er nach. Instinktiv schlug Hoppel einen Haken und noch einen Haken, dann einen Haken rückwärts über den Fuchs hinweg. Der schoss noch ein Stück geradeaus ins Leere, bis er endlich kehrtmachen konnte.

Inzwischen hatte Hoppel etwas Abstand gewonnen und sprang auf den Acker hinaus. Er rannte und rannte. War ihm der Fuchs auf den Fersen, schlug er erneut einen Haken. Doch der Fuchs gab nicht auf. Er wusste, Hoppel war geschwächt. Er würde ihn schon noch erwischen.

* Witterung: der in der Luft liegende Geruch

Und tatsächlich! Hoppel fühlte seine Kräfte schwinden. Seine Haken waren nicht mehr hasenleicht. Dem Fuchs entging das nicht. Hoppels wolliger Schwanz, die weisse Blume, lockte und lockte. Bald würde der Fuchs den warmen Balg* zwischen die Fänge bekommen. Hoppels Schwäche nahm zu. Verzweifelt sah er sich um. Am Waldrand stand die Brombeerhecke. Schnell auf sie zu! Dort hatte er den halben Winter in seiner gut geschützten Sasse verbracht. Das Hecheln des Fuchses immer näher hinter sich, rannte er um sein Leben.

Das Blut hämmerte in seinem Kopf. Der Atem brannte in der Brust. Werden ihm die Kräfte bis zum Eingang der Sasse noch reichen? Mit letzter Kraft schlug er noch einen Haken, und schwupps sauste er längelang durch den Eingang ins Brombeergebüsch. Wolle blieb an den Dornen hängen.

Fuchs wird durch Hakenschlagen abgehängt – Flucht in Brombeerhecke

* Balg: Fell

Der Fuchs blieb dümmlich davor stehen. Nein, da war kein Durchkommen für ihn. Ratlos stand er da. Dann zog er mit eingezogener Rute* davon und schlug sich in die Büsche. Hoppel war am Ende seiner Kräfte. Erschöpft blieb er liegen. Während er Atem schöpfte, spürte er das Ruhigerwerden des klopfenden Herzens. Auch der Puls wurde langsamer. In die Beine strömte es heiss. Nebelhaft nahm er die Blätter der Brombeeren wahr. Er vermochte noch zu denken: Mein Notvorrat. Und fiel in Schlaf.

Das gibt uns Gelegenheit, den beiden Hasenfreunden zuzuhören. Es sind Jan und sein Vater, der Wildhüter.

* Rute: Schwanz

Wenn du eine Frage hast, frag!

Der Tisch war abgeräumt. Die Mutter stand in der Küche. Sie vernahm die Frage und wusste, dass sie heute beim Abwaschen nicht mit Jan rechnen konnte.

«Ich habe mir überlegt», begann dieser, «wenn die Hasen am Aussterben sind, gäbe es für sie doch eine Lösung.»

«Und die wäre?»

«Sie könnten sich mit Wildkaninchen paaren.»

Der schwarze Schnauz des Vaters zog sich wieder einmal in die Länge. Darunter war ein Lächeln zu vermuten. Das ebenso schwarze Gebüsch seiner Augenbrauen bog sich in die Höhe. Das Zeichen, dass er sein Thema hatte.

«Kreuzungen zwischen Feldhasen und Wildkaninchen sind nicht möglich. Die Weibchen bekämen keine Jungen. So weit auseinander liegen die beiden Tierarten, obwohl sie beide zur Familie der Hasen gehören. Vor Millionen Jahren sind die Wildkaninchen eigene Wege gegangen.»

«Eigene Wege ... Was willst du damit sagen?»

«Kaninchen graben Höhlen, wie du weisst. Der Feldhase begnügt sich mit dem Ausscharren einer Mulde, der Sasse. Ich erinnere mich: Als wir in meiner Jugend Kaninchen und Hühner im Hühnerhof zusammen hielten, nahmen sie aus demselben Trog dieselbe Nahrung zu sich. Nur dass die Kaninchen regelmässig Tunnels unter dem Zaun hindurch gruben.»

«Und Opfer der Füchse wurden?»

«Das ja, falls wir sie nicht wieder einfangen konnten. Aber geh auf offener Wiese Kaninchen fangen. Zu den eigenen Wegen gehört auch, dass die Kaninchen nackt und blind zur Welt kommen. Die Häsin aber setzt ihre Jungen in Wiesenmulden. Die Häschen tragen bereits ein Fell und können sogleich sehen. Das müssen sie auch. Du weisst, die vielen Gefahren aus der Luft. Oft aber», und jetzt machte der Vater ein bekümmertes Gesicht, «werden sie von der Mähmaschine vermäht.

Vergleich: Hase mit Sasse – Kaninchen mit Höhle

Die Jungen hören den Lärm zwar näher kommen, glauben sich aber sicher in ihrer Mulde, und schon ist das Unglück passiert.»

«Und die wilden Kaninchen haben kürzere Ohren», wusste Jan.

«Auch die Ohren der Junghasen sind kurz, bis sie zu Löffeln werden. Oder sag: Schalltrichter, mit denen sie jedes Geräusch wahrnehmen können. Doch nicht nur das: Die riesigen Ohren dienen ihnen bei grosser Hitze auch als Fächer, mit denen sie sich Kühlung zufächeln. Sie besitzen eine Ohrensprache. Sind die Löffel zurückgelegt, heisst das: Ich bin dir freundlich gesinnt und greife nicht an. Steife Ohren bedeuten höchste Alarmbereitschaft. Du kennst ja die Redensart: Halt die Ohren steif!

Darf ich dir noch etwas aus der Bibel zitieren? Im Alten Testament gilt der Hase als unrein, denn, so heisst es, er ist zwar ein Wiederkäuer, aber kein spaltfüssiges Huftier wie Reh und Hirsch.»

«Was, deshalb?», verwunderte sich Jan.

«Das jüdische Speisegesetz halt.»

«Die kannten einfach den Hasenpfeffer noch nicht. Doch sag, wieso ist der Hase ein Wiederkäuer?»

Der Wildhüter setzte, wie es seine Art war, die Ellenbogen auf den Esstisch, räusperte sich und überlegte: «Hasen sind Wiederkäuer, doch nicht so wie Rehe und andere Paarhufer, weil sie keinen Netzmagen* haben, der das Halbverdaute wieder die Speiseröhre hinaufschickt, wenn sie ruhen. Dafür besitzen Hasen einen grossen Blinddarm. Und weil sie, wie alles Wild, hastig fressen müssen, wandert die Nahrung in diesen Darm. Dort wird sie mit Vitaminen angereichert. Die Häschen müssen aber etwas Kot der Mutter zu sich nehmen. Dadurch erhält der Blinddarm die notwendigen Bazillen. Diese spielen bei der Verdauung eine grosse Rolle. Dann wandert der Brei dem Ausgang zu. Noch bevor er zu Boden fällt, fährt der Kopf des Hasen zwischen die Hinterbeine, nimmt ihn am Darmausgang in Empfang und schluckt Bällchen um Bällchen hinun-

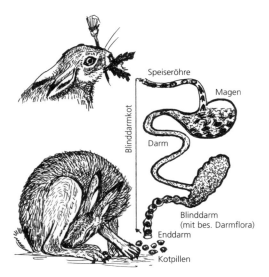

Hase als ‹Wiederkäuer› frisst die Blinddarmkotpillen wieder und wird dadurch mit wertvollen Proteinen und Vitaminen versorgt, die durch die Blinddarmflora hergestellt werden.

* Netzmagen: nur bei Wiederkäuern vorhanden

ter. Diese wandern noch einmal durch den Körper, kommen aber nicht mehr in den Blinddarm, sondern werden als Kot ausgeschieden.»

«Noch eine Geschichte?»

«Bitte ja!»

«Im Zeitalter der Entdeckungen setzten die Portugiesen auf unbewohnten Inseln Kaninchen aus, damit Schiffbrüchige zu Fleisch kamen. Der Erfolg war so gross, dass der Pflanzenwuchs in wenigen Jahrzehnten völlig vernichtet war und die Ansiedler die Inseln wieder verlassen mussten.»

«Ha!», tönte Jan schadenfroh.

«Oder noch schöner! Nimm den Erdteil Australien, wo es weder Fuchs noch Marder noch Wiesel gibt. Darum vermehrten sich die ausgesetzten Kaninchen bis ins Unermessliche und frassen Kühen und Schafen die Weideplätze leer. Viele Siedler mussten darum aufgeben.»

Jan dachte nach. «Warum vermehren sie sich bei uns nicht so stark?»

«Hast du schon ein Wildkaninchen angetroffen?»

«Nein. Habe ich nicht.»

«Eben.»

«Im Winter haben sies aber schön warm in den Höhlen», fuhr Jan fort.

«Sie besitzen dort einen Gemeinschaftsraum, wo sich die ganze Sippe eng aneinander kuschelt», ergänzte der Vater.

«Und den Winterschlaf hält.»

«Mitnichten. Haben sie Hunger, kriecht eins nach dem andern zum Ausgang, sichert lang und macht sich auf zur nahe gelegenen Wintersaat, wo sie reichlich Grünes finden.»

«Sie sind mir richtig sympathisch, diese Wildkaninchen.»

«Damit nicht genug.»

«Nicht genug?»

«In China war der Hase die symbolische Gattin des Kaisers, des Vertreters der Gottesherrschaft auf Erden.»

«Was du nicht alles weisst!»
Der Wildhüter erhob sich, ging mit Jan in die Stube und zeigte in seiner Jagdbibliothek auf den Buchrücken ‹Die Tiere in den Sagen der Völker›.

«Du bist nicht nur ein Waldkauz, du bist auch ein Bücherwurm», sagte die hereintretende Mutter.

Doch wenden wir uns wieder Hoppel zu, der nach drei Stunden erwachte.

Hoppel in höchster Lebensgefahr

Es dämmerte schon. Sogleich nahm er den Weg Richtung grosse Ebene unter die Pfoten. Wie weit entfernt sie noch sein mochte? Er hoppelte und hoppelte. Gelegentlich machte er eine Pause.

In der Morgenfrühe stiess er endlich an den Rand einer Felswand und erblickte auf der andern Seite – nein, nicht die grosse Ebene, sondern einen Berg. Da muss ich wohl drüber, sagte er sich sorgenvoll.

Er überlegte nicht, ob er aufwärts- oder abwärtshoppeln sollte. Er ging dem Felsrand entlang aufwärts, weil es sich für Hasen wegen der kurzen Vorderbeine leichter aufwärtsrennen lässt. Wie oft schon war er kopfüber gepurzelt, wenn er gezwungen war, abwärts zu flüchten. Also aufwärts!

Zuerst aber scharrte er sich eine Sasse, um ein kurzes Schläfchen einzulegen. Die Augen geschlossen, verfiel er in einen Tiefschlaf, aus dem er erst wieder erwachte, als die Sonne schon hoch am Himmel stand.

Sein Magen knurrte. Doch nicht für lang. Der Strauch vor seinen Augen lud ihn zur Mahlzeit ein. Der trug geschwollene Knospen. Hmm, wie die ihm schmeckten! Er musste alle erreichbaren haben. Endlich war er satt.

Von der Sehnsucht getrieben, setzte er seine Reise fort. Er hatte ja Hochzeitspläne. Endlich kam er auf eine hoch gelegene Wiese. Der Märzschnee lag noch immer darauf. Mit grossen Sprüngen überquerte er sie, um zum Waldrand zu gelangen. Er hinterliess die bekannte Hasenspur.*

Drüben begegnete er einem anderen Hasen im Dämmerlicht.

«Das ist mein Revier! Klar?»

* Bild Seite 45

«Klar. Ich geh gleich weiter, der grossen Ebene zu. Dort soll es nur so wimmeln von unseresgleichen.»

«Da hast du dir aber etwas vorgenommen!»

«Und Nacht für Nacht soll es dort rauschende Feste geben.»

«Mag sein, mag sein. Ich bleibe trotzdem meinem Revier treu. Dass du deines verlassen konntest!»

«Du hast gut reden», gab Hoppel wehmütig zurück. «Was nützt dir dein Revier, wenn du der einzige Hase darin bist.»

«Eine Häsin hat sich doch wohl finden lassen.»

«Die Häsin wurde auf der Strasse getötet von einem dieser Brummer, du weisst schon.»

«Und eine andere Häsin?»

«Gibt es nicht.»

«Dann allerdings begreife ich dich.» Der andere war jetzt freundlicher geworden.

«Erlaubst du mir eine Frage?»

«Frag!»

«Weshalb hast du einen so überlangen Zahn?»

«Weil mir der untere beim Rammeln mit einem Rivalen abgebrochen ist. Jetzt wächst der obere ungehemmt weiter.»

«Und du kommst trotzdem zu deinem Futter?»

«Ich muss die Kräuter halt einseitig abrupfen. Aber ich komme zurecht.»

«Und die Schramme auf der Stirn?», wollte Hoppel wissen.

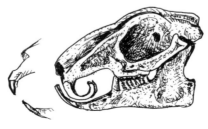

Schädel mit normalen Schneidezähnen und Missbildung nach Abbruch

21

«Die? Stammt von einer Häsin. Wir kämpften und kämpften. Dann gab es eine schöne Hochzeit, und wir blieben beisammen. Als ich Lust auf ein Junges bekam, war die Häsin wie verwandelt. Auf das Schreien des Kleinen rannte sie herbei, wurde fuchsteufelswild, und schon hatte ich eine Schramme auf der Stirn. Da merkte ich sofort, da ist nicht mehr gut Klee fressen, und machte mich davon. Bis heute blieb ich allein. Ich habe aber wieder eine Häsin im Auge, eine andere.» Hoppels Gegenüber war redselig geworden.

Inzwischen war die Dunkelheit hereingebrochen. Auf dem einzigen Weg nahten zwei Lichter. Wie die blendeten! Hoppel machte sogleich das Männchen und warf die Ohren hoch.

«Duck dich!», schrie der andere, und schon spritzte neben ihnen die Erde auf. Hoppel war so erschrocken, als sei er vom Mond gefallen. Schliesslich flüsterte er: «Lebst du?»

«Ich glaube. Ich spüre jedenfalls nichts.»

Sie rappelten sich auf und jagten im Streckgalopp in das nahe Dickicht. Beim zweiten Schuss hörten sie über sich die Blätter knattern.

«Gerettet!», rief der Revierhase.

Hoppel wunderte sich: «Das ist mir noch nie passiert, obwohl ich nachts schon oft angeleuchtet wurde.»

Den Grund konnte er nicht wissen. In seiner Gegend verzichtete man schon lange auf die Hasenjagd, weil der Hase dort geschützt war. Trotzdem leuchtete man die Gegend regelmässig mit Scheinwerfern ab, um die noch vorhandenen Hasen zu zählen.

Das hier waren natürlich Wilddiebe gewesen, für die ein Hase erst ein guter Hase ist, wenn er in der Pfanne liegt.

Zwischen Berg und tiefem tiefem Tal
sassen einst zwei Hasen.
Frassen ab das grüne grüne Gras
bis auf den Rasen.

Als sie sich nun satt gefressen hatten,
legten sie sich nieder.
Bis der Jäger Jäger kam
und schoss sie nieder.

Als sie sich nun aufgerappelt hatten
und sie sich besannen,
dass sie noch am Leben Leben waren,
liefen sie von dannen.*

* altes Kinderlied

Hoppel wird gefangen

Wenn einer von dannen lief, dann Hoppel. Es hielt ihn nichts mehr in dieser gefährlichen Gegend. Er grüsste kurz und machte sich auf die Beine.

Der Weg führte bergauf. Nach kurzer Zeit kam er oben an. Und was bot sich seinem Blick? Noch immer nicht die weite Ebene. «Verdammt und zugebissen!», fluchte Hoppel. «Bevor ich den Abstieg nehme, lege ich ein Schläfchen ein.»

Nach ziemlich genau drei Stunden schlug er die Augen auf. Sein Magen knurrte hörbar. Er spreizte die Hinterläufe, fuhr mit dem Kopf dazwischen und holte sich die feinen Vitamintabletten direkt vom After. Er kaute sie nicht, er verschlang sie. Schliesslich war er so satt, dass er dem Drang nach der grossen Ebene nachgeben konnte. Von jetzt an gings wieder mal abwärts. Die kurzen Vorderpfoten waren schlecht fürs Abwärtshoppeln geeignet. Darum ging er sorgfältig schräg dem Hang entlang. Der wollte und wollte nicht enden.

Sie war wirklich mühsam, diese Gangart. Nur gut, dass er keine Verfolger hatte. Der Schock auf der Wiese sass ihm immer noch in den Gliedern.

Er hoppelte drei Stunden. Dann endlich war der Wald zu Ende, und Land tat sich auf. Wäre es doch die weite Ebene, wünschte sich Hoppel.

Wieder hatte er Heisshunger. Da bot sich auch schon eine Weide an mit ihren Kätzchen. Genau das Richtige! Er sicherte kurz. Das Bauernhaus in der Nähe störte ihn nicht, solange kein Hund angab. Auch die beiden Buben bei der Einfahrt waren keine Gefahr. Er hatte jetzt Hunger.

Die beiden aber beobachteten Hoppel, wie er sich an den Weidenkätzchen gütlich tat. Schliesslich musste er sich auf die Hinterbeine stellen, um an die obersten Kätzchen zu kommen.

«Schau mal», sagte der Grössere, «wie lang der ist! Über einen halben Meter. Und wie er sich streckt und mit den Pfoten

die Zweige zu sich herunterzieht. Das hab ich noch nie gesehen. Und ich gehe ja täglich auf die Pirsch*, um Tiere zu beobachten. Mein Hobby, du weisst.»
Als Hoppel endlich satt war, scharrte er sich unter der Weide in der dritten Ackerfurche eine Delle. Dort kauerte er sich hin und genoss die warme Märzsonne. Bald fiel er in Tiefschlaf.
«Der schläft bald ein», erklärte der Grosse. Und nach einer Weile: «Wetten, dass ich ihn fange?»
«Du bist wohl nicht bei Trost!»
«Wetten, dass?»
«Wetten, dass nicht.»
«Warten wir eine Viertelstunde.»

Der Hase kann sich auf die Hinterbeine stellen, um nahrhafte Weidenkätzchen (oder anderes Futter) zu erreichen.

* Pirsch: Jagd

Als die Zeit um war, löste sich der Grosse von seinem Freund. Die Jacke in der Hand, fasste er den Ort ins Auge, wo er den Hasen vermutete. Leise tastete er sich voran. Wo nur war der Hase? Sein braunes Fell war im Braun des Ackers verschwunden.

Der Kleinere lachte hämisch, als er sah, wie sein Freund ratlos suchte. Handbreit um Handbreit klopften seine Augen die Erde ab.

Endlich entdeckte er den gut Getarnten. Er zeigte es dem Freund mit aufgestelltem Daumen an.

Mit beiden Händen hielt er die Jacke vor sich und pirschte sich Schritt für Schritt an sein Opfer heran.

Jetzt machte er einen Sprung und warf die Jacke auf den Hasen. Dieser schoss auf und wollte sich ins Freie boxen. Doch nirgends war ein Ausgang.

«Himmel, wo bin ich hingeraten!», schrie Hoppel und wehrte sich noch heftiger. Todesangst überkam ihn. In ohnmächtiger Wut unternahm er wilde Versuche, dem Gefängnis zu entrinnen. Doch immer stiess er auf weichen Widerstand. Als er auf etwas Festes stiess, biss er zu.

Ein markerschütternder Schrei durchschnitt die Luft. Nein, er kam nicht von Hoppel. Es war der Grosse, der schrie. Im selben Augenblick sah sein Freund, wie er die Jacke fahren liess und aus dieser ein Hase entwich.

Sich jammernd den Arm haltend, lief der Grosse auf den Freund zu. Er zeigte ihm seine Wunde am Unterarm. Das blutete und blutete!

Jetzt rasch zur Mutter. Diese rannte mit ihrem verletzten Sohn zum Auto und fuhr ihn zum Hausarzt, der ihn als Notfall aufnahm. Er staunte nicht schlecht, als er die Geschichte vernahm: «Geht noch in die Schule und erzählt schon Jägerlatein*, auf das ich hereinfallen soll!» Eine Weile besah er sich

---

* Jägerlatein: erfundene Geschichte

die Wunde, dann fragte er kritisch: «Ist es nicht eher dein Kaninchen gewesen?» Doch der Junge beharrte auf dem Hasen.

Da mischte sich die Mutter ein: «Herr Doktor, das kann er wirklich, Hasen im Tiefschlaf überraschen und sie mit der Jacke fangen. Es ist nicht das erste Mal. Nur, dass ihn noch keiner gebissen hat.» Da gab der Doktor den letzten Zweifel auf. Hatte er nicht von einer Häsin in Deutschland gehört, die einem Jäger den Schuh durchbiss, als sie glaubte, ihre Jungen verteidigen zu müssen? Eine Zehe musste dranglauben.
«Beweg deine Finger! – Mach eine Faust! – Beweg den Arm! – Junge, du hast Glück gehabt. Er hat dir keine Sehne durchgebissen. Sonst hätte das eine langwierige Operation zur Folge gehabt.»
«Im Spital?»
«Im Spital. Natürlich muss ich dir eine Tetanusspritze geben, damit du keinen Wundstarrkrampf bekommst.»
Mit vier Nähten am Unterarm wurde der Notfall entlassen.

Hoppel, vom Schreck noch nicht erholt, rannte, bis er den Wald am Fusse des Berges erreichte.

Als er endlich ausruhen durfte, haderte er mit seinem Schicksal: Wir Hasen verfolgen niemand. Uns aber verfolgen alle.

Wir begreifen jetzt, warum man ihn Angsthase nennt. Wie er das nur schafft, bei all den Verfolgungen am Leben zu bleiben!

Nun, er weiss es nicht anders. Seine Fluchtbereitschaft liegt ihm seit Jahrtausenden im Blut.

Menschen, Hunde, Wölfe, Lüchse,
Katzen, Marder, Wiesel, Füchse,
Adler, Uhu, Raben, Krähen,
jeder Habicht, den wir sehen,
Elstern auch nicht zu vergessen,
alles, alles will ihn fressen.

Hoppel findet eine Insel

Hier am Waldrand mochte Hoppel nicht bleiben. Er bot zu wenig Schutz. Aber unweit davor im Feld lockte ein Gebüsch wie eine Insel. Nach ein paar Sprüngen war er dort. Auf der Kuppe machte er sogleich das Männchen, sperrte die gelben Augen auf und hatte Rundumsicht. Das ferne Tuckern eines Traktors störte ihn nicht. Hier, sagte er sich, bin ich endlich sicher.

Zwar noch immer beunruhigt, tat er, was er schon lange vorhatte. Toilette machen. Das gehörte zu seiner täglichen Körperpflege. Nur dass sie beim Stress der letzten Tage etwas zu kurz gekommen war.

Mit den starken Haaren der Vorderpfoten bürstete er sich tüchtig den Kopf. Auch die langen Löffel liess er nicht aus. Es könnte sich dort ja eine Zecke festgesetzt haben. Die Barthaare wurden ebenfalls ausgiebig gestreichelt. Mit den Bürsten der Hinterpfoten kämmte er den Balg so gründlich, dass auch das letzte Ungeziefer Reissaus nahm. Besonders aber achtete Hoppel auf das weisse Bauchfell. Dorthin hatten sich nämlich Flöhe verirrt. Himmel, wie das biss! Er kratzte und kratzte. Heute konnte er sich nicht genug tun im Putzen.

Endlich war die Toilette beendet, und er fühlte sich wieder wohl in seiner Haut. Nicht aber in seinem Magen. Der knurrte erbärmlich. Was sollte er tun? Vor sich sah er nur Sträucher. Schon wieder Rinden, nein!

Er spreizte kurzerhand die Hinterläufe und fuhr mit dem Kopf dazwischen. Bällchen um Bällchen holte er sich vom After ab. Wir wollen es nochmals erzählen. Beim ersten Durchgang nimmt der Darm nur wenig Nährstoffe auf. Im grossen Blinddarm sammelt sich der ‹Gemüsebrei› und wird mit Hilfe von Bakterien nochmals zubereitet. Es entsteht ein vitaminhaltiger Essensbrei. Ohne diesen Brei würden Hasen verhungern. Beim zweiten Durchlauf kommen dann die Böhnchen heraus.

Nun war Hoppel herrlich satt. Rasch grub er sich mit den Pfoten eine Sasse. Er kuschelte sich hinein und ward nicht mehr gesehn. Die Tarnfarbe! Die Märzsonne machte sein Glück vollkommen. Sie wärmte seinen Balg. Das machte ihn schläfrig. Trotzdem nahm er den Turmfalken wahr, der über ihm ‹rüttelte›*. Ein paar Sekunden lang blieb er in der Luft stehen. Mit seinen Feldstecheraugen hielt er nach einem Mäuslein Ausschau. Dann flog er im Gleitflug ein Stück weiter und rüttelte erneut. Fliegen, rütteln, fliegen, rütteln. Was der nur will zu dieser Jahreszeit?, fragte sich Hoppel. Nicht zu glauben: Plötzlich pfeilte der Turmfalke nieder, und es musste ein vorwitziges Mäuslein dran glauben, das nach dem Frühling Ausschau gehalten hatte.

Das nahm Hoppel noch wahr. Dann fielen ihm die Augen zu. Er schlief tief und fest. Ob er von seiner Gefangenschaft in der Jacke träumte? Wir wissen es nicht.

Lassen wir ihn schlafen und wenden wir uns wieder dem Esstisch zu. Dort waren gerade die Indianer an der Reihe.

Jans Vater erzählte:

«Bei ihnen hiess der Hase ‹Grosses Licht› und lebte als Manitu mit seiner Grossmutter im Mond. Dann stürzte er vom Himmel und wurde nach der Sage der Indianer ihr Urvater. Darum verehrten sie den Hasen als ihren Gott. Und jetzt pass auf! Als man den Indianern das Christentum brachte, antworteten sie: ‹Was brauchen wir Christus? Wir haben doch HASE!›»

«Du weisst wirklich vieles. Aber etwas kannst du mir doch nicht erklären. Warum legt der Hase an Ostern Ostereier?»

«Die Antwort ist einfach. Wegen seiner Fruchtbarkeit und weil er etwas Nahrhaftes legt, galt er bei der germanischen Göttin Ostera als Beispiel für die erwachende Natur. Und an Ostern erwacht sie ja.»

---

* rütteln: durch Flügelschlagen in der Luft stehen

«Ah, so ist das!»

«Eine Redensart drückt seine Fruchtbarkeit so aus: ‹Der Hase zieht im Frühling selbander ins Feld und kommt im Herbst zu sechzehn zurück.›»

«Da musste er ja ...»

«Rechne!»

«Viermal Junge haben, jedes Mal vier.»

«So ist es gemeint. Im Allgemeinen setzt er heute aber nur noch dreimal mit je drei Jungen.»

Der Wildhüter blickte durchs Fenster zum abendlichen Wald hinüber. «Bevor die Strasse dem Wald entlang gebaut wurde, haben wir, Mutter und ich, sie nachts oft boxen sehen. Doch das ist leider vorbei. Die Zählung gestern Nacht hat auf allen Strecken null Hasen ergeben. Ich hoffe, wir haben einen übersehen.»

«Ein so geachtetes Tier und am Aussterben!»

«In unserer Gegend jedenfalls. Zu nah an der Stadt. Zu viele Strassen, die ihm den Lebensraum zerschneiden. Und zu viel Pflanzengift, das er nicht verträgt. Die Schuld für sein Verschwinden liegt nicht bei den Jägern. Die schützen ihn doch, weil sie sich verbieten, ihn zu schiessen. Bei uns im Tirol, von wo ich herkomme, gabs noch Hasen zuhauf. Nach jeder Hasenjagd legte man die toten Tiere in eine Reihe, auf die so genannte *Strecke*.»

«Kein schöner Anblick.»

«Für uns Jäger damals schon.»

Durch und durch nass

Hoppel schlug die Augen auf und wusste sogleich, wo er sich befand. Unverzüglich wollte er den Berg in Angriff nehmen. Bei meinen langen Ohren, schwor er sich, ich werde die grosse Ebene erreichen.

Aufwärts gings, immer aufwärts. Dabei verwandelte er sich vom Feldhasen schon wieder in einen Waldhasen.

«Heda!», hörte er rufen und wusste sogleich: Natürlich wieder ein Revierhase!

«Ich hab jetzt keine Zeit zum Schwatzen. Ich muss mich beeilen.»

«Wohin geht die Reise?», fragte der andere neugierig.

«Zur grossen Ebene. Weisst du Näheres darüber?»

«Die grosse Ebene? Da gehst du am besten weiter waldaufwärts. Oben angekommen, wirst du sie sehen.»

«Wahr?», fragte Hoppel atemlos.

«So wahr ich Hase heisse», bekräftigte der andere.

«Schönen Dank!», rief Hoppel zurück und war nicht mehr zu halten.

Er stieg und stieg. Kam ihm ein Felsen in die Quere, umging er ihn einfach, ohne die Richtung zu ändern.

Dann kam die Erschöpfung über ihn. Er musste ruhen. Vorher nahm er sämtliche Sprossen eines Geissblatt-Strauchs zu sich und auch nahrhafte Rinde.

Und weiter gings.

Zuoberst hielt er Ausschau. Du grosses Glück! Dort unten dehnte sich die weite Ebene aus. «Beim Himmel, das ist sie, die grosse Ebene», rief er aus tiefster Hoppelmanns-Seele. In der Mitte glänzte ein breiter Fluss. Zu seinem Schrecken führte kurz davor eine Autobahn durchs Land und knapp daneben eine Eisenbahnlinie.

Da ist kein Durchkommen, dachte er resigniert. Seine scharfen Hasenaugen suchten die Strecke ab, hielten plötzlich an und schauten näher hin. Hatten die Stare nicht von einer grünen Brücke gesprochen, und war jener Übergang nicht die Brücke? Je länger er hinschaute, desto grösser wurde seine Überzeugung. Das musste sie sein. Die lieben Stare! Sie hatten doch nicht gelogen.

Linker Hand ragte eine Felswand. Rechter Hand gings schon wieder bergab. Nichts wie los. Im Direktgang hinunter! Schon machte er einen Purzelbaum und rutschte noch ein paar Meter. Das störte ihn überhaupt nicht. Es war höchste Zeit! Und wieder gabs einen Purzelbaum. Auf dem satten Märzlaub wars direkt ein Vergnügen. Und so schlug er Purzelbaum um Purzelbaum und kam viel rascher voran als gedacht. Das ging ja wirklich super! Nicht lange, und er kam unten an.

Hoppel verlor keine Zeit mehr. Sein innerer Kompass lenkte ihn geradewegs der Brücke zu. Bei allem Pech ist mir auch das Glück gewogen, dachte Hoppel. Er war nicht mehr zu halten.

In der Dämmerung jagte er dem Fluss zu. Am Ufer verhielt er, machte das Männchen und spähte hinüber.

Und was erblickten seine Augen! Jenseits des Flusses war ein Hasenfest im Gange, wie er noch keines erlebt hatte. Da war ein Tanzen, Springen und Boxen, dass es die reine Freude war.

Wie hinübergelangen? Das war für Hoppel keine Frage. Er sprang ins Wasser und schwamm. Musste er nicht untergehen? Er hatte doch nie im Leben schwimmen gelernt. – Hasen können das einfach, wenn es die Not erfordert. Es liegt ihnen im Blut.

Allerdings gab es Schwierigkeiten. Die Strömung war so stark, dass Hoppel abtrieb. Und weil der Fluss breit war, trieb es Hoppel immer weiter abwärts.

Allmählich ging ihm die Puste aus. Er keuchte hörbar. Mit dem ersehnten Ziel vor Augen musste die Kraft aber reichen.

‹Hasenfest› – Ansammlung zur Paarungszeit.
Wichtig ist die Ohrensprache:
Ohren nach vorne = aggressiv; Ohren nach hinten = unterwürfig.
Vergleiche dazu auch das Bild auf dem Buchumschlag.

Koste es, was es wolle. Je heftiger er schwamm, desto heftiger wurde die Strömung. Er trieb auf eine Schwelle zu, die er nicht ahnen konnte.

So kam es, wie es kommen musste. Das nahe Ufer vor Augen, glitt er schwuppdiwupp über die Schwelle und wurde in die Tiefe gerissen. Es strudelte und gurgelte um ihn herum. Er strampelte verzweifelt kopfüber, kopfunter. Einmal kam er hoch, schnappte nach Luft und sah, wo das Wasser glatt floss. In diese Richtung muss ich weiter, wusste er – und war gerettet.

Er schwamm jetzt dem Ufer zu. Doch wie an Land gehen? Da war nirgends eine Stelle, wo er hätte Fuss fassen können.

So liess er sich treiben. Dabei konnte er ein wenig Atem schöpfen. Plötzlich erblickte er einen Weidenzweig, der ins Wasser hing. Hoppel biss sich an seinem Ende fest. Mit Hilfe der Vorderpfoten biss er sich dem Zweig entlang, bis er festen Boden unter sich spürte.

Ein Sprung, und Hoppel landete an der Uferböschung. Dort lag er und hustete Wasser. Ein Glück, dass niemand in der Nähe war, kein Mensch, kein Hund oder sonst ein gefährlicher Fressfeind.

Er wollte dem Ufer entlang aufwärts. Doch es fehlte ihm die Kraft. Die Erschöpfung überfiel ihn so rasch, dass die Zeit nicht mehr reichte für eine Sasse. Am Stamm der Weide fiel er, gut geschützt, in einen Tiefschlaf.

Als er nach drei Stunden erwachte, hatte er Hunger. Er nahm seine Ess-Stellung ein und holte sich Pille um Pille vom Darmausgang. Dann war er herrlich satt.*

Er nahm den Weg flussaufwärts unter die Füsse. Dabei erblickte er die Schwelle und die weissen Schaumkronen. Was, hier bin ich runtergerutscht und mit dem Leben davongekommen?, staunte er. Doch er verlor keine Zeit an diesen Gedanken. In weiten Sprüngen rannte er seinem Ziel entgegen.

Als er dort ankam, war das Fest noch immer im Gange. Fröhliche Boxkämpfe fanden statt. Als er sich einer Häsin näherte, war diese sogleich zum Kampf bereit.

«Pfui!», rief sie, «du bist ja durch und durch nass!»

«Weil ich über den Fluss geschwommen bin.»

«Über den was?»

«Den Fluss.»

«Meine Güte! Warum jetzt das?»

«Ich komme von weit.»

«Warum bist du nicht in deinem Revier geblieben?»

«Weil es dort keine Hasen mehr gibt.»

---

* Bild Seite 17

«Du bist jedenfalls einer.»
«Ja, der letzte. Ich war dort der letzte Feldhase. Darum habe ich mich aufgemacht, dich zu suchen», antwortete er schlau.
«Mich zu suchen?», verwunderte sich die Häsin geschmeichelt. «Aber dein nasses Fell! Es ist äusserst unangenehm.»
«Das trocknet wieder. Morgen ist auch ein Tag.»
«Und du kommst morgen wieder zum Fest?»
«Aber sicher!»
Die Häsin strich sich rasch über die Backen und – klatsch! – hatte er eine. Anschliessend strich sie ihm kurz über seinen Bart. «Dann gut Nacht!» In grossen Sprüngen rannte sie davon, nicht ohne ihm die weisse Unterseite des Schwanzes zu zeigen. In der Hasensprache bedeutet das: Ich erwarte dich. Du bist willkommen.

Zurück blieb ein glücklicher Hoppel mit dem Duft einer Häsin in der Nase.

Hasensignale:
weisser Schwanz = folge mir
Vorspiel zur Paarung

«Bist du lebensmüde?»

Zuerst war es nur ein kühler Märzabend. Daraus wurde eine kalte Nacht. Hoppel begann zu frieren. Was nun? Er tat sofort das einzig Richtige. Er begann zu laufen, um warm zu bekommen. Hin und her, her und hin. Es sah aus, als mache er einen Wettlauf mit dem Igel wie im Märchen der Gebrüder Grimm. Hoppel bekam warm. Das tat dem inneren Wollhaar gut. Die äusseren Haare waren noch brettig und feucht. Warm hatte er. Hunger hatte er auch.

Er brauchte nicht lange zu suchen. Hier betrieb ein Gärtner Gemüsebau. Schon kletterte er den Zaun hoch. Im Hui war er oben. Ein Sprung, und er landete mitten im Rosenkohl.

Das war aber nicht derselbe Kohl, den er von früher her kannte. Er war so kalt, dass sich die Blättchen ungern lösten.

«Bist du noch zu retten!», hörte er einen Kollegen ausserhalb des Zauns rufen. «Wohl lebensmüde, was?»

«Im Gegenteil», gab Hoppel zurück, «ich bin wieder fit.»

«Warum willst du dich dann vergiften?»

«Wieso vergiften?»

«Weil das gefrorene Zeug für uns tödlich ist. Du als alter Hase müsstest es eigentlich wissen.»

«Ich kam eben selten zu solchem Gemüse.»

«Du bist wohl fremd hier?»

«Ich bin eben erst angekommen.» Hoppel erzählte dem Kollegen seine Geschichte.

«Du hast Hunger. Gut. Dann nimm doch von den grünen Büscheln daneben. Die schaden dir nicht.»

Die grünen Büschel waren grüne Rosetten und hiessen Nüsslisalat.

«Es war mir noch», erwiderte Hoppel, «das Zeug schmecke anders als sonst. Mein Heisshunger eben.»

«Jaa, in der warmen Zeit ist es ein Festessen. Dann klettern wir alle gern über den Zaun.»

Mit einem trockenen Fell gefällst du mir besser

Als die Dämmerung anbrach, kamen die Hasen einzeln herbei, jeder aus seinem Revier. Es wurden immer mehr. Hätte Hoppel zählen können, wäre er auf neunzehn gekommen. Doch seine Häsin, wo war die?

Nicht lange, und die ersten Zweikämpfe begannen. Männchen kämpften gegen Männchen. Aber auch Weibchen boxten sich, wenn sie eifersüchtig aufeinander waren. Vielen war es aber nur ums Spiel zu tun.

«Hallo!», hörte Hoppel plötzlich neben sich sagen. Sogleich begann er, mit seiner Häsin zu tändeln. Diese teilte tüchtig aus und puffte ihn aus Leibeskräften. «Ha, nicht mehr nass! Mit einem trockenen Fell gefällst du mir besser!»

Hoppel empfand die vielen Püffe wie ein Streicheln. Er wehrte darum nur ab.

Als die Häsin aber immer leidenschaftlicher wurde, kam auch er aus seiner Reserve heraus und gab zurück. Ihr Zweikampf wurde so heftig, dass sie eine Verschnaufpause einlegen mussten.

Als ein anderer Rammler mit der Häsin anbändeln wollte und sie mit Boxhieben eindeckte, zögerte Hoppel nicht lange und versetzte ihm einen derartigen Hieb, dass der andere den Neuling nur baff anstaunte, kehrtmachte und schleunigst das Weite suchte.

Dadurch hatte Hoppel mächtig Eindruck auf seine Angebetete gemacht. Ihre bewundernden Augen sagten: Dem hast du's gegeben!

Da nur noch wenig Hasen auf dem Platz waren, fand sie es angezeigt, auch zu verschwinden. Sie hoppelte gemächlich davon, bedeutete aber mit der weissen, hochgestellten Blume, der Standarte: Komm, wir zwei gehen auch.

Wohin führte ihr Weg? Weil Hoppel neu war in der Gegend, musste für ihn ein neues Revier gefunden werden.

Das lag weit ab auf einer kleinen, von Wald umsäumten Wiese. Von dort liessen sich die beiden nicht mehr vertreiben. Sie gingen am nächsten Abend auch nicht mehr ans Hasenfest. Warum nicht? Sie feierten ganz privat ihre Hochzeit. Von da an blieben sie beisammen und lebten glücklich miteinander. Und wenn sie nicht gestorben sind ... So enden doch alle Märchen. Das ist aber kein Märchen, sondern die reine Wahrheit.

Ihr Glück erreichte seinen Höhepunkt, als nach genau sechs Wochen vier Junge das Licht der Welt erblickten. Hoppel war ihnen ein guter Vater. Nach der Geburt leckte er jedes einzeln ab.

Die Jungen besassen schon ein Fell und konnten auch schon sehen. Nachdem sie die fettreiche Milch von der Mutter bekommen hatten, strebten sie auf allen vieren noch etwas hilflos auseinander, um allein in der Nähe zu kauern. Ihr Instinkt sagte ihnen: Kommt ein Feind, erwischt er höchstens eines, weil wir getrennt liegen. Ein Feind aber hätte grosse Mühe, sie zu finden. Sie waren geruchlos, und ihr Fell wurde eins mit der Farbe des Bodens. Auch die Mutter war vorsichtig. Nach dem nächtlichen Säugen verliess sie ihre Jungen wieder, um sie ja nicht zu verraten.

War nun Hoppels Liebe abgeflaut? Ging er als Einzelgänger wieder seiner Wege, um sein Revier zu verteidigen? Nein, er stand seiner Häsin treu zur Seite und begleitete sie durch Feld und Wald. Er gehörte nicht zu jenen Rammlern, die eifersüchtig auf die Jungen sind, nur weil die Häsin sie kurz allein lässt. Andere Väter werden nämlich so eifersüchtig, dass sie die Häschen töten, wenn die Mutter nicht rechtzeitig dazwischenkommt, um sie zu verteidigen.

Anstandslos liess Hoppel sie gehen, damit sie auf die Minute genau bei den Jungen eintraf, die auf ein Zeichen sofort bei ihr waren. Während höchstens drei Minuten füllten sie ihre

Mägen mit Mutters nahrhafter Milch. Auf die Minute genau? Ohne Uhr? Es war die innere Uhr, die ihr sagte: Zeit zum Säugen.

Die Häsin belohnte Hoppels Treue. Diesmal kamen schon nach fünf Wochen wieder vier Junge zur Welt, weil sie schon bei der ersten Geburt ganz klein im Leib der Mutter waren. So einfallsreich ist die Natur.

Sie kamen in einer guten Zeit zur Welt. Es war Juni, und die Wiese lockte mit hundert Kräutern. Einzig um den Wiesenkerbel machten die Hasen einen weiten Bogen. Seinen scharfen Geruch mögen sie nicht.

Glück muss man haben. Die kleine Wiese war so abgelegen, dass keine Mähmaschine hinkam, um die ins Gras geduckten Jungen zu vermähen.

Ein Glück auch für die Magerwiese*. Diese durfte erst im September gemäht werden. Sie dankte es mit Hunderten von Blumen und Kräutern.

Den ganzen Sommer über war Hoppel so glücklich, wie man nur glücklich sein kann. Wir gönnen es ihm, nach allem, was er erlebt hat. Viermal schenkte ihm die Häsin Junge und gab der Redensart Recht: Der Hase zieht im Frühling selbander ins Feld und kommt im Herbst zu sechzehn zurück.

Ja, die Hoppels hatten gut gewählt. Die Ziegmatte, auf welcher früher der Ziegenhirt seine Ziegen hütete, war eine Magerwiese, mit Blumen und Kräutern übersät. Ein richtiges Paradies für Hoppel, nachdem er die Hölle durchgemacht hatte. Auch vor Wilddieben waren sie geschützt. Von dieser Wiese wanderte kein Hase in die Pfanne. Wenn Ende September die Mähmaschine doch noch kam, waren alle Nachkommen so gross, dass sie rechtzeitig das Weite suchen konnten.

* Magerwiese: Naturwiese, die nur einmal gemäht und nicht gedüngt werden darf

Es entging Hoppel nicht, dass über der Wiese tagtäglich Bussarde und Milane* kreisten. Plötzlich gaben sie ihren ruhigen Flug auf und stiessen im Sturzflug hinunter. Wehe, wenn ein Junghase nicht aufgepasst hatte. Wir kennen die Feinde des Hasen. Die gab es natürlich auch hier.

Für das Überleben des Hasen gibt es eine Regel: Wenn von zehn Hasen zwei überleben, ist ihr Bestand gesichert. Sie werden sich im Frühjahr mit andern Hasen paaren und wieder Junge bekommen.

Wie stand es mit unseren Junghasen auf der Ziegmatte?

Im Herbst, kurz vor Jagdbeginn, kam in der Dämmerung eben doch noch ein Auto über die Wiese. Hoppel gab Alarm. Still blieben die Hasen sitzen. Ihre Augen leuchteten auf im Scheinwerferlicht.

Nach Tagen stand in der Zeitung zu lesen: ‹Während der letzten Herbstzählung durfte man auf der Ziegmatte wieder acht Hasen zählen. Das zeigt, dass in unserem Land der Tiefpunkt zwar noch nicht überschritten ist, aber da und dort dank Grünbrücken und Buntbrachen** die Zahl der Feldhasen wieder zunimmt.

Zu den Buntbrachen muss leider kritisch bemerkt werden, dass sie ihre Buntheit längst verloren haben und nur noch eine Ansammlung von Disteln sind. Hinzu kommt, dass Buntbrachen meist den Spazierwegen entlangführen, wo täglich Dutzende von Hundehaltern ihre Lieblinge spazieren führen. Will man Hasen verscheuchen, tut man es am besten mit Hunden.

Ob sich die Bauern wohl entschliessen können, diese Distelfelder zu mähen, um neue Buntbrachen auszusäen, die nicht an Spazierwegen liegen? Wir wollen es für die Feldhasen hoffen.›

---

* Milan: grosser Greifvogel
** Buntbrache: eigens für Hasen angesäter Feldstreifen

Hoppel führte ein freies Leben.
Anders als die Häsin. Sie säugte ihre Jungen ein Mal pro Nacht. Das musste für 24 Stunden reichen. Dabei blieb es aber nicht. Ihre Aufmerksamkeit liess auch tagsüber nicht nach. Hörte sie ein Quäken, wusste sie: höchste Gefahr! – und war mit Riesensprüngen zur Stelle. Einmal überrannte sie eine Krähe, die auf ein Junges einpickte. Die zwei tiefen Wunden des Junghasen heilten wieder. Ob es der gelähmte Flügel der Krähe auch tat? Auch tagsüber schaute die Mutter ungerufen immer wieder bei ihren Jungen nach. Das Fell der Kleinen musste gepflegt werden. Dann bekam auch jedes seine Bauchmassage, damit die Verdauung angeregt wurde. Die Mutterpflichten hören auch beim Hasen nie auf.

Was für eine Gemeinheit!

Es kam die Zeit, da die Blumen nicht mehr blühten. Braun und dürr sahen sie aus. Die Sonne ging später auf, und der Abend kam früher.

Jetzt ratterte auch noch die Mähmaschine heran. Die Kräuter und Gräser waren versamt. Das alte Gras musste gemäht werden, damit es im Frühling wieder Platz gab für die spriessenden Blumen und Kräuter.

Zum Entsetzen der Hasen mähte die Mähmaschine Gras und Blumen nieder. Der ‹Störefried› warf das Gemähte auf Haufen und führte es anderntags weg. Einen schmalen Streifen hatte die Maschine am Waldrand stehen lassen.

«Was für eine Gemeinheit!», wetterten die Junghasen. «Ein Glück, dass für uns noch etwas übrig bleibt!»

In der Abenddämmerung traten die Rehe aus dem Wald und begannen den Rasen abzugrasen. Das trieb auch die Hasen hinaus. Sie konnten das Grasband doch nicht einfach den Rehen überlassen.

Von diesem Kraut ein wenig und von jenem ein wenig ... Diese Zeit war zu Ende. Jetzt war man froh darüber, da und dort noch ein Gräslein zu finden. Wo nur waren die Leckerbissen der warmen Zeit geblieben?

Die Blätter der Bäume und Sträucher begannen sich zu verfärben. Das sah zwar schön aus. Sie mundeten den Hasen aber kaum mehr. Dann begannen sich die Blätter von den Ästen zu lösen und segelten oder wirbelten zu Boden.

Die Junghasen verstanden die Welt nicht mehr. Sie suchten bei ihrer Mutter Rat, nicht bei Hoppel, ihrem Vater. Die Mutter hatte sie geboren, gesäugt, ihr Fell gepflegt und auch sonst zu ihnen geschaut. Also musste sie auch die Antwort wissen.

Sie sprach von kalten Zeiten, die heranrückten.

«Kalte Zeiten?», fragten die Hasen. «Was ist das?»
«Ihr werdet sehen», war Mutters Antwort.

Die Habichte schweiften jetzt eifriger über die Wiese. Sie blieben kurz in der Luft stehen, suchten mit ihren scharfen Augen die Wiese ab und flogen ein Stück weiter.

Hoppel, von einem Gebüsch verdeckt, wandte sein Augenmerk dem Himmel zu. Er musste zusehen, wie ein Habicht auf einen Junghasen niederstiess. Um den ists geschehen, dachte er wehmütig.

Der Junghase aber hatte ebenfalls den Himmel ins Auge gefasst. Darum war er auf der Hut. Als der Habicht schon zuschlagen wollte, nahm er einen riesigen Satz an ihm vorbei. Die Fänge griffen ins Leere. Schnell dem Hasen nach, befahl sich der Habicht. Dieser schlug Haken um Haken, und jedes Mal griffen die Fänge des Vogels daneben. Der Habicht konnte sich wenden und drehen, wie er wollte, er erwischte ihn nicht.

Junghasen, bei der Mutter säugend. Hasen sind Nestflüchter.

«Recht so!», rief Hoppel voller Anerkennung. Endlich rettete sich der Hase ins Dickicht am Waldrand. Der Habicht ihm nach. War der Junghase nun doch verloren? Unter dem zornigen Schimpfen der Elstern und Häher stieg nach einer Weile ein Habicht mit leeren Fängen aus dem Wald.

Hoppel freute sich von Herzen über das Hasenkind, das längst kein Kind mehr war, sondern ein ausgewachsener Junghase, der wusste, wie man sich verteidigte: durch Flucht, durch gut durchdachte Flucht.

Die kalte Zeit

Der Winter liess die ersten Schneeflocken vom Himmel tanzen. Für die Junghasen, die dergleichen noch nie erlebt hatten, war das ein fröhliches Spiel. Sie schauten den weissen Flocken entgegen und haschten nach ihnen.

Als es immer mehr schneite und ihr Fell vom Schnee bedeckt wurde, spürten sie, dass Kälte sie durchdrang. Auch die Matte war jetzt schneeweiss. Sie rannten in den Wald und fragten die Mutter erschrocken: «Was ist das?»

«Das ist die kalte Zeit.»

Sie begannen zu ahnen, was Mutter meinte. Darum suchten sie sich im Wald sichere Plätzchen. Am sichersten waren die Wurzelhöhlen, von denen es genug gab. Doch auch Wurzelstöcke gefallener Bäume boten Unterschlupf.

Dort sassen sie nun.

Bald aber begann sich der Hunger zu melden. Was sollen wir jetzt zu uns nehmen?, fragten sie sich. Jetzt, da die vielen Kräuter der Wiese zugedeckt sind?

Schwerfällig hoppelten sie aus dem Wald hinaus und hinterliessen ihre Spuren, wobei die Hinterpfoten stets vor die Vorderpfoten zu liegen kamen.

Galopp und daraus resultierende Fussspuren im Schnee

Sie suchten unter dem Schnee und fanden hie und da noch etwas Grünes. Das ist es nicht, merkten sie bald. Darum zurück in den Wald. Das dichte Buschwerk gab ihnen Nahrung. Sie schälten die Rinde ab. Da ein bisschen, dort ein bisschen, ganz nach Hasenart. So blieb immer noch genug Rinde übrig, um die Sträucher vor dem Absterben zu schützen. Die Rinde hatte den Vorteil, dass sie nahrhaft war und länger im Magen blieb als Kräuter. Manchmal machten sich die Hasen auch lang und bissen die Knospen ab, was die Jäger ‹Verbiss› nennen.

Nach ein paar warmen Föhntagen, die den Schnee schmelzen liessen, begann es wieder zu schneien. Es schneite und schneite zwei Tage und zwei Nächte lang mit kurzen Unterbrüchen. Die dicke Schneedecke lag fest und schwer auf der Erde.

Wo war Hoppel?

Der sass dicht an seine Häsin gepresst unter den Brombeerstauden und hatte sich einschneien lassen. Die sicherste Tarnung.

Die Junghasen hingegen verliessen ihr Versteck und versuchten sich im Springen. Damit war aber nichts mehr. So sehr sie sich auch anstrengten, sie versanken im tiefen Schnee und konnten sich nur mit Mühe wieder herausarbeiten.

Aber sie hatten doch Hunger!

Manchmal entdeckten sie ein Büschel dürres Gras. Es schmeckte zwar nicht besonders gut. Doch es füllte den Magen. Die Rinde der Sträucher, die sie auch unter dem Schnee fanden, schmeckte da schon viel besser.

Ruhig bleiben. Wenig bewegen und halt ein wenig hungern, sagte ihnen ihr Inneres.

Eines Tages fuhr der Zweibeiner mit lautem Motorgebrumm in den Wald. Er kam mit einer Fuhre Heu. Damit füllte er die Krippe, die eigens für Grasfresser aufgestellt worden war.

Nachdem er wieder verschwunden war, flog der Waldpolizist, genannt Eichelhäher, über die Bäume. Mit lautem Rätschen meldete er: «Nahrung! Es gibt Nahrung für alle Grasfresser. Wagt euch aus euren Verstecken hervor!»

Das liessen sich unsere Hasen nicht zweimal sagen. Nachdem sie sich durch den Schnee gearbeitet hatten, begegneten sie den Rehen an der Futterstelle. Die liessen während des Fressens gerne etwas fallen für ihre Freunde. Diese konnten sich aber auch lang machen, um Heu zu ergattern. Das war von der Sonne getrocknetes Gras, das viele Nährstoffe barg. Wie gut es den Hasen mundete und wie wohl wurde ihnen im Magen!

«Lieb von den Zweibeinern, dass sie auch in der kalten Zeit an uns denken!», riefen die Hasen einander zu.

Mit viel Ruhen, wenig Essen und der grossen Sehnsucht nach den warmen Tagen überwinterten die Hasen. Doch auch Krähen, Elstern und andere Vögel wollten ihren Teil, besonders dann, wenn ein totes Tier im Schnee lag. Auch mit kranken Tieren machten sie kurzen Prozess.

Der Winter forderte Opfer.

Endlich zeigte der Seidelbast mit seinen zauberhaft violetten Blüten den nahen Frühling an.

Manches Tier hatte sein Leben gelassen. Doch auch der Schnee musste sterben. Der Föhn gab ihm den Rest. Einzig an den Nordhängen waren noch ein paar weisse Flicken seines Mantels zu sehen. Laue Winde brachten auch diese zum Verschwinden.

Die Meisen stimmten ihr leises Lied an. Die Finken schlugen. Die Grünspechte lachten. Eine neue Stimme drang an Hoppels Ohr, die er früher nie gehört hatte: die Stimme des Kuckucks.

An Bäumen und Sträuchern streckten die ersten Blättchen ihre zarten Finger aus. Bald war der Wald mit einem hellgrünen Schleier geschmückt. Zu Tausenden gingen die Märzglöcklein auf mit ihren grünen Tupfen an den Blütenblättern. Die Kräuter verströmten weiche, würzige Düfte. Besonders der scharfe Geruch des Bärlauchs stieg den Hasen in die Nase. Draussen auf der Wiese warteten schon die wilden Schlüsselblumen und die Gänseblümchen auf Gesellschaft. Und ganz versteckt, als dürfe es noch nicht, duftete tatsächlich auch schon ein zartes Veilchen. All diese Schönheit nahmen unsere Hasen nicht wahr. Wichtig war ihnen einzig, dass sie jetzt wieder an den zahlreichen Blättchen naschen durften.

Eine Unruhe erfasste sie. Es war das Märzfieber, das über sie kam. Oder anders gesagt: Die Sehnsucht nach Liebe ergriff sie. Es paarten sich aber nicht Bruder und Schwester. Auch bei den Hasen ist Hochzeit unter Geschwistern unbekannt.

Darum trieb sie ihre Unruhe in der Dämmerung fort. So weit, bis sie an den Fluss kamen.

Dort begann wieder ein Boxen und Puffen und Schlagen, dass es für heimliche Zuschauer eine Freude war.

Die männlichen Hasen kehrten mit ihrer Häsin auf die Heimatwiese zurück. Dort war es am schönsten. Die Häsinnen folgten ihrem erwählten Hasen in eine andere Gegend.

Und Hoppel und seine Häsin?
Auch sie wurden vom Märzfieber ergriffen.
«Haben wir es nötig, ans Frühlingsfest zu gehen?», fragte Hoppel vorsichtig.
«Überhaupt nicht», entschied die Häsin, «wir haben einander ja schon.»
Und so blieben sie beisammen und kosteten von früh bis spät von den spriessenden Kräutlein der Magerwiese. Sie waren im Hasenglück, wie man es sich schöner nicht vorstellen kann.
Nach sechs Wochen war ihr Glück vollkommen.

Im Spätsommer fühlten sich auch zwei andere glücklich, der Wildhüter und sein Sohn Jan. Mit einem Geländewagen führte man in der Dämmerung die erste Hasenzählung in Hoppels

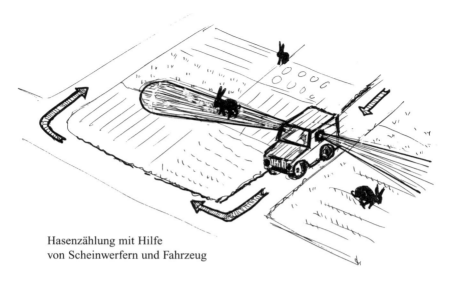

Hasenzählung mit Hilfe von Scheinwerfern und Fahrzeug

ursprünglicher Heimat durch.* Jan und sein Vater sassen vorn. Auf dem Hintersitz leuchteten zwei Mitfahrer mit Scheinwerfern nach beiden Seiten das Feld ab. In der Dunkelheit verlässt der Hase nämlich sein Versteck und wird zum aktiven Feldhasen.

Freudig stellte einer fest: «Mir ist soeben ein Hase vor den Feldstecher geraten! Nein, zwei, drei!», rief er aus. Später erschienen noch zwei. Das darf nicht wahr sein!, freute sich Jan.

«Offenbar ist ein Hasenpaar zugewandert und hat drei Junge gezeugt», sagte der Vater. «Schön, dass der Hase in unserer Gegend wieder heimisch wird. Im Frühling habe ich die Hoffnung auf Hasen fast aufgegeben. Nun, wir zählen noch zweimal, damit wir ja keinen übersehen.»

Jan war überglücklich. Zu Hause meldete er der Mutter schon im Treppenhaus: «Die Hasen sind zurückgekehrt!»

* drei Zählungen im Frühjahr, drei vor Jagdbeginn am 1. Oktober

Die Abenteuer des Igels Isidor

Die Kälte kommt

Der Sommer war längst vergangen. Die Tiere, die einen Winterschlaf halten, verzogen sich in ihre Höhlen, um dort zu schlafen. Sie hatten sich gehörig Fett angemästet, um die kalte Jahreszeit zu überstehen: der Dachs, der Siebenschläfer, der Maulwurf und wie sie alle heissen.

Mit unsern vier Igelchen stand es anders. Sie hatten das Pech, erst anfangs Oktober auf die Welt gekommen zu sein. Obwohl sie sich von früh bis spät den Magen füllten, waren sie doch eher kleine Igel. Das hatte seinen traurigen Grund. Ihre Mutter hatte schon im Frühsommer einen Wurf. Der aber wurde, kaum auf der Welt, vom Fuchs gefressen. Die spitzen, weissen Stacheln, die ihnen schon nach drei Tagen wachsen, störten seine Fressgier nicht. Er hatte selber vier Junge zu füttern.

Lange war die Mutter traurig. Bis sie den Wunsch bekam, nochmals Kinder zu haben. Die kamen denn auch anfangs Oktober zur Welt. Was ein bisschen spät ist für Igelkinder. Darum haben sie auch eifrig von früh bis spät gefuttert, bevor sie ihr Winterquartier bezogen.

«Was für eine Kälte», sagten sie Nacht für Nacht zueinander, «sicher das Zeichen, dass eine noch grössere Kälte kommt.» Darum beschlossen sie, den Rindenhaufen aufzusuchen, den die Menschen nach dem Holzfällen am Waldrand zurückgelassen hatten.

Wie leicht war es für sie, eine Höhle in den Haufen zu graben, um sich darin einzunisten. Das konnten sie aber nur, wenn genügend Laub als Bettdecke diente. Also trug jeder Igel ein Maul voll Laub herbei. Dann nochmals ein Fuder Laub und noch mal eins. War das ein Kommen und Gehen!

Endlich hatten sie genug Polsterung beisammen. Ihr Bett war aber noch nicht gemacht. Sie drehten sich so lange, bis die Blätter dicht aufeinander lagen und einen engen Ring um sie bildeten.

Dann endlich kehrte Ruhe ein.
Noch nicht ganz. Zuerst mussten sie sich gegen die Flöhe wehren. Ihre langen Hinterbeine entwickelten dabei eine derart erstaunliche Geschicklichkeit, dass sie jede Körperstelle erreichten.

Endlich lagen die vier dicht an dicht nebeneinander, gaben sich warm und dachten ans Schlafen. Schliesslich war es November, und draussen herrschte nachts der Frost.

Ruhig lagen sie da und dösten. Der strenge Geruch nach Baumharz schläferte sie ein.

Nur einer hatte noch Unruhe in sich. Er spürte, sie kam aus der Magengegend. Ich muss noch etwas zu mir nehmen, sagte er sich. Ohne dass die andern Notiz davon nahmen, bahnte er sich einen Weg aus dem Rindenhaufen.

Die Sonne hatte sich längst schlafen gelegt, und der Mond stand kalt am Himmel. Nein, das Stachelkleid wärmte ihn nicht.

Die Nase dicht am Boden, beinelte unser Igel kreuz und quer durch den Wald, rückte Steine und fand jedes Mal ein paar Asseln, diese flachen, grauen Käfer. Dann hob er kurz den Kopf. Ein Duft lag in der Luft, dem er sogleich nachgehen musste. Ein später Pfifferling stand da. «Wie gerufen!», sagte er und begann zu mampfen. «Etwas zäh, aber immerhin.»

Der Pilz stillte seinen Hunger nicht. Darum weiter suchen! Ein Käfer rannte ihm direkt vor die Nase. Es knirschte hörbar, als er dessen Panzer durchbiss. «Fein!», murmelte er auf Igeldeutsch. Wo ein Käfer ist, muss es noch weitere geben, sagte er sich. Doch er schnüffelte vergeblich im Wald umher. Schön, er fand einige halb verdorrte Brombeeren, an denen er sich gütlich tat. Doch wie sollen Brombeeren den Hunger stillen? Die Weinbergschnecke dort im dürren Gras wäre eine echte Hilfe. Doch so grosse Häuser, das wusste er, vermag ein junger Igel nicht zu knacken. «Schade!», rief er. Es hörte sich an wie ein Brummen.

Inzwischen war er in die Nähe jener Dinger gelangt, die dauernd lärmten und mit Lichtern angriffen. «Aufgepasst!», rief er sich zu. Eines der anfänglich fünf Igelchen war nämlich vor kurzem verunglückt, als es allein die Strasse überquerte. Da waren es nur noch vier.

Eine Weile sah und hörte unser Igel dem lauten Treiben zu. Die Lichter kamen und gingen. Das nahmen seine Äuglein, nicht grösser als Stecknadelköpfe, wahr, obwohl er als Nachttier nur mit der Nase ‹sah›.

Gerade als er weiterwollte, entdeckte seine Nase den herrlichen Duft von Fleisch, in welchem dem Geruch nach schon die Würmer hausten. Aas, verwestes Fleisch, bedeutet für Igel ein Festessen. Darum nicht lange gefackelt! Rasch auf den Leckerbissen zu! Doch halt, es wird abschüssig! Da könnte ich ausrutschen. – Darum hielt er inne. Der Duft war aber so verlockend, dass seine Nase zu tropfen begann. Wie sollte er da noch widerstehen können! Ein Schrittchen, und schon verlor er den Boden unter den Füssen. Schnell einrollen, konnte er gerade noch denken. Er hatte keine Zeit mehr, Angst zu haben. Schon hüpfte ein dunkler Ball den steilen Abhang hinunter und landete ziemlich unsanft auf der Strasse. Noch unsanfter prallte er gegen etwas, so dass er augenblicklich die Besinnung verlor.

Mausetot

Das Auto stoppte. Frau Wiederkehr, die Lenkerin, hatte einen dumpfen Schlag verspürt. Sie öffnete den Wagenschlag und schaute vorne links nach. Dort fand sie, was sie vermutet hatte: ein Tier, ein Igelchen. Schnell nahm sie die Wolldecke vom Rücksitz und legte es auf den Beifahrersitz. Dort lag es ausgerollt und tat keinen Wank.

Tot, dachte die Frau traurig. Der ist tot, mausetot, und ich habe ihn angefahren.

Zu Hause war ihr Mann nicht wenig erstaunt, als sie mit einem kleinen Paket die Stube betrat.

«Was in aller Welt bringst du da?»

«Ich glaube, einen toten Igel.»

«Glaubst du?» Herr Wiederkehr untersuchte ihn von allen Seiten, ohne dass er Blut fand. «Weisst du was, wir quartieren ihn im Heizraum ein. Dann werden wir sehen, ob er überlebt.»

Klein Igel konnte einem schon leidtun, wie er regungslos auf einem Kissen lag und im dunklen Keller seinem Schicksal überlassen wurde.

In der Nacht erwachte er und sah sich mit der Nase um.

Wie weich ichs habe, dachte er. Wo aber sind die anderen? Und was ist das für ein neuer Geruch? Er schnüffelte. Kein angenehmer.

Er müsste kein Igel gewesen sein, wenn er sich nicht sofort hätte aufmachen wollen, um die Gegend zu erkunden. Sein Kopf brummte zwar, und sein rechtes Hinterbein schmerzte.

Schon stützten sich seine Vorderpfoten auf dem Schachtelrand ab. Die Schachtel bekam das Übergewicht. Kopfüber fiel er auf harten Boden und rollte sich sogleich ein.

Abwarten, sagte er sich, einfach abwarten, komme, was da wolle. Er wartete lange, denn der Schreck war ihm bös in die Glieder gefahren.

Als nichts geschah, wanderte er vorsichtig durch den Heizungsraum. Schon stiess er auf etwas Hartes. Schnell zog er die Stirnstacheln herunter und stiess zu. Da gabs ein Gepolter, dass ihm Hören und Sehen verging. Er hatte den Turm mit den leeren Waschmitteltonnen zum Einsturz gebracht.

«Einrollen, sofort einrollen!», rief er sich zu. «Wo bin ich nur hingeraten? Und wo ist wohl mein Schlafhaufen?»

Als lange nichts mehr passierte, wanderte er auf gut Glück weiter. Der Hunger trieb ihn. Die Nase suchte. Doch sie fand nichts. Er war längst über die Schwelle des Heizungsraums gewandert und suchte den Vorraum des Kellers ab. Auch hier fand er nichts Fressbares.

«Dieser langweilige Boden!», schimpfte er.

Der Morgen stand bereits grau im Kellerfenster. Da muss ich ans Schlafen denken, sagte er zu sich selbst. Aber wo? Er dachte an seine drei Geschwister, die jetzt wohlig schliefen im Haufen.

So setzte er sich einfach unter ein grosses Ding, das Boiler heisst. – Hoffentlich fällt es nicht herunter! In dieser Gegend kann man nie wissen.

Schlafen? Er schlief nicht, sondern hielt sich einfach still und wartete ab.

Dann hörte er dumpfe Schritte sich nähern. Dann leise Stimmen. Dann einen spitzen Ausruf, der ihm durch Mark und Bein ging. «Er lebt! Unser Igelchen lebt! Schau, hier unter dem Boiler. Hoffentlich hat er keine inneren Blutungen!» Es war eine hohe Stimme.

«Glaube ich nicht», sagte jetzt eine tiefe Stimme. «Schau dir mal das Tohuwabohu im Heizungskeller an! Wer ein solches Durcheinander veranstaltet, ist gesund. Eine kleine Prellung wird er sich vielleicht zugezogen haben.» Und nun lachend: «Jetzt hast du eine neue Pflicht.»

«Die ich gern übernehme», sagte Frau Wiederkehr. Sie nahm ein Frottiertuch von der Wäscheleine und legte Klein Igel darauf.
«Komm, mein kleiner Isidor!»
«Wie nennst du ihn?»
«Isidor. Ich habe ihn soeben getauft.»
«Einfach so?»
«Ohne zu überlegen. Der Name war einfach da. Er passt doch zu ihm?»
«Er passt nicht nur zu ihm. Er passt sogar ausnehmend gut zu ihm», lobte Herr Wiederkehr und stieg die Treppe hinauf.

Ein völlig neuer Geruch!

Nicht lange danach kam Frau Wiederkehr wieder in den Keller, stellte zwei Tellerchen an die Wand gegenüber dem Boiler und stieg die Treppe wieder hoch.

Wo bin ich hingeraten?, fragte sich Isidor zum x-ten Mal. Vorsichtig schob er die Nase unter dem Stachelkleid hervor und begann zu schnuppern. Er entdeckte wieder einen völlig neuen Geruch. Jetzt hielt er die Nase schräg in die Luft. Ein Tropfen wuchs an deren Ende. Er löste sich, fiel und zerplatzte am Boden.

Jetzt gabs für Isidor kein Halten mehr. Seine Nase hatte die Nahrungsquelle entdeckt. Schon stand er vor dem Tellerchen, schnüffelte kurz und langte herzhaft zu. «Hmm, fein!» So etwas hatte er in seinem kurzen Igelleben noch nie zwischen die Zähne bekommen.

Was war es? Einerlei, wenn es nur schmeckte. Stück für Stück verleibte er sich ein. Im Nu war das Tellerchen leer. Es wurde ihm gleich wohler in seiner Haut. Und was gabs daneben? Sein Riecher sagte ihm: Wasser. Herrlich kühles Wasser, das seinen Durst stillte. Bis auf den letzten Tropfen leckte er das Tellerchen leer.

Im Kellerfenster stand der helle Tag. Zeit zum Schlafen, sagte sich Isidor und suchte sich ein Versteck aus hinter all den heruntergestürzten Schachteln.

Isidor frisst am Futtergeschirr.

Dann hörte er wieder Schritte auf der Treppe, und kurz darauf tönte Frau Wiederkehrs Stimme: «Sieh einer an! Isidor hat die ganze Hühnerleber aufgefressen – und getrunken hat er auch. Alles ratzekahl leer. Ein gutes Zeichen. Hoffentlich bringen wir ihn durch.»

Dann begann sie zu suchen. Sie hätte lange suchen können, hätte sich Isidor nicht verraten. Ein Kitzel im Hals zwang ihn zum Husten. Frau Wiederkehr vernahm rasselnde Atemgeräusche.

«Ekelhaft!», stöhnte Isidor und war auch schon entdeckt.

«Da bist du also. Das hört sich aber gar nicht gut an. Da muss ich hurtig die Igelstation anrufen, um Abhilfe zu schaffen. Jetzt, da du einen derart gesunden Appetit auf Hühnerleber entwickelst.»

Frau Wiederkehr ging zum Telefon und wählte Frau Meyers Nummer von der Igelstation.

«Und wie viel, glauben Sie, wiegt Ihr Patient?», tönte die Stimme am andern Ende.

«Die Waage zeigt 350 Gramm an. Aber er hat ganz schön Appetit und frass das Tellerchen mit den 50 Gramm Hühnerleber leer.»

«Und ja keine Milch! Die verträgt er nämlich nicht!»

«Ich gab ihm selbstverständlich nur Wasser.»

«Also Husten, sagten Sie?»

«Ja, eine Art Keuchhusten.»

«Sind es eher rasselnde Atemgeräusche?»

«Jetzt, da Sie es sagen.»

«Bringen Sie ihn! Dann werden wir uns das Kerlchen mal ansehen!»

«Danke für die Hilfe!»

«Keine Ursache.»

Von diesem Gespräch wusste Isidor natürlich nichts.

Au, tut das weh!

Mit dicken Gartenhandschuhen wurde Isidor aus der Schachtel mit der weichen Polsterung gehoben. Was ist jetzt wieder? Isidor geriet in Panik. Sorgfältig wurde er in einen Katzenkorb gelegt. Dieser bekam seinen Platz auf dem Hintersitz des Autos.

Einer dieser Brummer!, dachte Isidor verzweifelt, als der Motor ansprang. Wenn das nur gut geht. – Jetzt, da ich das Schlimmste hinter mir zu haben glaubte.

Das Schlimmste kam noch, eine Spritze nämlich, die sich ihm von hinten näherte.

«Die Nadel immer flach zum Körper unter die Haut schieben», erklärte Frau Meyer.

Aua! Isidor spürte einen ungewohnten Schmerz. Was tut man mit mir?

Dann liess der Schmerz rasch wieder nach. Isidor durfte feststellen: Ich lebe noch.

Frau Meyer deckte den Tisch mit Zeitungen ab und setzte Isidor darauf.

Und was tat sie jetzt?

Sie nahm seine beiden Vorderfüsschen und hob den Körper an. Mit der anderen Hand bediente sie eine Spraydose und sprühte kurz seinen braunen, flohbesetzten Bauch ab.

Isidor erschrak schon wieder. Die Frau liess die Füsse los. Seine Ringmuskeln zogen sich zusammen – und auf dem Zeitungspapier lag eine Kugel.

«Sehen Sie», erklärte Frau Meyer, «nun kann ich die Stacheln rundherum besprühen und dabei die Kugel hin- und herdrehen, damit die betäubten Viecher herausfallen.»

Jetzt griff die Frau zu einer Pinzette. Sie suchte den Rücken ab und förderte eine zentimeterlange Made zutage. Sie suchte weiter.

«Eine Zecke, die sich mit Blut gefüllt hat.»

«Besteht nicht die Gefahr, dass der Kopf der Zecke in der Haut bleibt?», fragte Frau Wiederkehr interessiert.

«Das passiert äusserst selten. Aber wenn, kann das eine langwierige Entzündung zur Folge haben.»

Als die Zecken alle entfernt waren, hob Frau Meyer Isidor vom Zeitungspapier. Darauf hatte sich ein grauer Ring gebildet. Frau Wiederkehr beugte den Kopf vor, um besser sehen zu können.

«Ja, Sie sehen richtig, lauter Flöhe! Es mögen gut und gern dreihundert Stück sein. Doch das ist noch das wenigste. Viel wichtiger ist, dass Sie wegen des Lungenwurmbefalls in drei Tagen wieder kommen. Er bekommt dann noch eine Spritze. Dann darf er seinen Winterschlaf halten.»

Nur gut, dass Isidor von all dem nichts verstanden hatte.

Zurück im Keller hatte er den Stich längst vergessen. Rasch suchte er sich ein neues Versteck – um *nicht* zu schlafen, sondern aktiv zu werden. Nachtaktiv nennen es die Menschen.

Zunächst aber verhielt er sich still, als ob er auf etwas wartete. Seine innere Stimme hatte sich nicht getäuscht. Plötzlich lag da nämlich wieder dieser Duft in der Luft. Er kam aus der Gegend des Tellerchens. Schnell musste er nachsehen – und fand das Erwartete: 50 Gramm Fleisch. Er schmauste und schmatzte, dass es eine Lust war ihm zuzuhören.

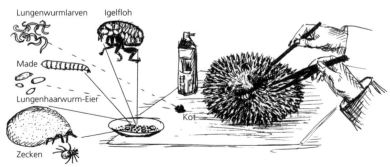

Parasiten: Arten und Ablesen

Kommt man denn hier nie zur Ruhe!

Frau Wiederkehr holte ihn erneut ins Auto, und er musste sich nochmals eine Spritze geben lassen. Die Lungenwürmer eben! Dann war endlich Ruhe für ein paar Tage. Zur Essenszeit tafelte er fürstlich. Dann ruhte er wieder. Bald reizte ihn der Husten nicht mehr.

Isidor mochte die helle Stimme lieber als die dunkle. Wenn nur die Sache mit dem Wasserbad nicht gewesen wäre. Frau Wiederkehr badete ihn nämlich zweimal die Woche. Dabei fasste sie ihn mit Lederhandschuhen an und trug ihn in die Badewanne.

Eingekugelt hockte er da, während sie sorgfältig die Temperatur des Brausewassers prüfte. Schön lauwarm musste es sein. Dann liess sie es sachte über den Stachelmann fliessen.

«Ich muss dich auf Geheiss von Frau Meyer baden wegen möglicher Schuppen.»

Isidor zeigte seine langen Hinterbeine und wollte vor dem Regen flüchten. Doch wie ers auch anstellte, dauernd rutschte er aus und lag da, alle viere von sich gestreckt. Dabei stiess er spitze Schreie aus.

Frau Wiederkehr liess es gut sein und wickelte ihn rasch in ein altes Badetuch. Dort fühlte er sich überhaupt nicht wohl. Viel wohler tat ihm die milde Luft aus dem Föhn, der seine dünnen Härchen auf der Haut rasch trocknete.

Die Handschuhe trugen ihn wieder in den Keller. Die Prozedur war überstanden.

«Kommt man denn hier nie zur Ruhe!», stöhnte er laut, während die Frau die Treppe hochstieg.

Es war Vormittag, also Schlafenszeit. Rasch fand er sein gemütliches Nest zwischen Mauer und angelehnten Pingpong-Platten.

Allmählich schlief er ein. In seinen Schlaf mischten sich Träume. Er wandelte auf dürren Blättern und ging mit seinen

Geschwistern im Igelmarsch der Mutter nach.* Und es roch so herrlich nach Waldboden. Und ein Rindenhaufen war da, in welchem sie sich eingruben... Dann fiel er vollends in Schlaf.
«Isidor lässt das Fleisch einfach verkommen. Seit zwei Tagen rührt er es nicht mehr an», erzählte Frau Wiederkehr ihrem Mann.
«Es ist Januar. Da wird er sich wohl zum Winterschlaf entschlossen haben», überlegte Herr Wiederkehr. «Das nötige Gewicht hat er sich ja zugelegt.»
Denkste!
Am vierten Tag vernahm Frau Wiederkehr einen Lärm im Keller, der sie aufhorchen liess. War es kein Einbrecher, musste ein anderer sein Unwesen treiben. Einbrecher wären viel leiser.
Ahnungsvoll schaute sie nach. Das Tellerchen war verschwunden. Die Schale mit Wasser stand noch da.
Sie brauchte nicht lange zu suchen. Das Tellerchen stand leer vor der Eingangsluke.
Isidor hatte signalisiert, und Frau Wiederkehr verstand den Wink.
Sie füllte diesmal das Tellerchen mit Katzenfutter. Noch am gleichen Abend war es rübedistübedi leer geschleckt. Und auch vom Wasser hatte der Herr Untermieter getrunken.
Hatte Isidor seinen Winterschlaf schon beendet? – Nein. Die zu warme Kellertemperatur liess ihn einfach keinen Winterschlaf finden.
Während dreier Tage war das Tellerchen jedenfalls leer. Er nahm seine Mahlzeit genau um 20 Uhr ein und liess sich sogar von Frau Wiederkehr dabei beobachten. Doch zutraulich wurde er deswegen noch lange nicht.
Dann liess er sich wieder für ein paar Tage in den Winterschlaf fallen, und das Fleisch gehörte der Nachbarkatze.

* Das siehst du auf dem Titelbild.

Misslungener Fluchtversuch

Die Kellergruft behagte Isidor längst nicht mehr. Er erinnerte sich an die würzige Luft, die er kurz einatmen durfte, als man ihn zur Igelstation fuhr. Die Sehnsucht nach der Gegend seiner Kindheit wurde stärker und stärker. Darum hielt er Zwiesprache mit sich: Gutes Essen ist nicht alles. Ich muss in meine Gegend zurück, koste es, was es wolle!
Schon war er bei der Treppe. Dort hielt er sich nicht auf, stützte die Vorderbeine kurzerhand auf die erste Stufe und zog sich nach. Das ging ja super!
Gelingt die erste Stufe, gelingt auch die zweite, sagte er sich. Und siehe: Stufe um Stufe arbeitete er sich hoch. Nach der sechsten musste er etwas verschnaufen. Bergaufgehen war er nicht mehr gewohnt. Dann nahm er die nächsten sechs.
Kaum war er oben angelangt, öffnete sich die Tür. Sie kam ihm entgegen und schubste ihn einfach zurück. Isidor verlor das Gleichgewicht und kippte hintenüber. Einkugeln!, konnte er gerade noch denken. Zeit fürs Angsthaben hatte er keine mehr.

So kam es, dass Frau Wiederkehr zusehen musste, wie ihr Liebling in Zeitlupe ohne Holzerdipolter die zwölf Stufen treppab plumpste und unten zusammengerollt liegen blieb.
«Du lieber Himmel!», rief sie und blieb mit dem Wäschekorb in den Händen stehen. «Da wollte einer Reissaus nehmen. Passiert ist ihm nichts. Mit seinem Fettpolster ist er jedes Mal weich gefallen. – Lieber Isidor, es ist noch zu früh für die Freiheit. Hab noch ein wenig Geduld. Bald ist es so weit.» Sie trat einen Schritt zurück und zog achtsam die Tür zu.
Und Isidor?
Der hatte sich nicht die Spur wehgetan. Erschrocken war er, heillos erschrocken. Darum verharrte er lange und wartete ab.

Als nichts passierte, wagte sich sein Schnäuzchen etwas hervor, und seine Äuglein stellten fest: Keine Gefahr mehr. Zurück ins Versteck!

Die Wochen kamen und gingen. Aus unserem putzigen Igelchen wurde mehr und mehr ein stattlicher Igel, der bereits über ein Kilo wog. Die Lücke zwischen Platten und Wand wurde immer enger. Oder lag es an Isidor, der immer dicker geworden war? Er musste sich jedenfalls richtig durchzwängen, strebte er am Morgen zurück in sein Nest.

Der Mai ist gekommen ...

Der Mai ist gekommen, die Bäume schlagen aus ... heissts im Lied. Frau Wiederkehr dachte daran, ihren Isidor auszusetzen. Vorsichtshalber rief sie Frau Meyer an. «Wo denken Sie hin!», rief diese erregt. «Sie haben ihn auf 1400 Gramm gemästet und wollen ihn mit diesem Gewicht in die Natur entlassen. Wie soll er dort mit seinem Fettwanst existieren! Nein, warten Sie noch zu und halten Sie ihn so lange auf Magerkost, bis er nur noch ein Kilo wiegt. Vor dem Einwintern ist er dann ohnehin nur noch 850 Gramm schwer. Mit diesem Gewicht übersteht er den nächsten Winter gut, falls er nicht gestört oder ein Opfer der Strasse wird.»

Also noch nichts mit der Freiheit, Isidor. Von nun an wirst du auf ‹Wasser und Brot› gesetzt. Isidor musste sich von jetzt an mit der halben Ration begnügen. Das behagte ihm gar nicht.

Dann war es endlich so weit, dass er die Kellergruft verlassen und die Freiheit schmecken durfte.

Frau Wiederkehr setzte ihn in der Abenddämmerung im Garten aus. Isidor hob seine Nase und schnupperte die herrliche Frühlingsluft. Dann beinelte er durchs geöffnete Gartentor davon, ohne Frau Wiederkehr auch nur noch eines Blickes zu würdigen. Trotz der liebevollen Pflege war er kein Haustier geworden.

Eine Weile ging ihm Frau Wiederkehr noch nach, bis er im hohen Gras auf Nimmerwiedersehen verschwunden war.

War sie deswegen traurig? Im Gegenteil! Sie freute sich, den anfangs tot geglaubten Igel heil über den Winter gebracht zu haben.

Viel Glück, Isidor!, rief sie ihm in Gedanken nach. Du kannst es brauchen. Und dass du mir ja nicht unter ein Auto kommst!

Isidor ging und ging.

«Das ist doch meine Gegend! Das ist doch meine Luft! Wunderbar!», rief er ein übers andere Mal. Die Freude am Leben war zurückgekehrt.

Schliesslich kam er zu einem Schrebergarten. Hier lässt sichs wohl sein, dachte er und versuchte auch schon, unter dem Drahtgitter hindurchzuschlüpfen. Alle Versuche misslangen. Bis er doch noch eine Stelle fand, wo er sich unten durchzwängen konnte. Igel, muss man wissen, können sich dank ihrer dehnbaren Haut wie eine Wähe flach drücken. Und drinnen war er. Und fand, was er suchte: Wegschnecken und seine Götterspeise: Würmer und nochmals Würmer, die nachts aus dem Boden krochen. Von ihnen konnte Isidor nicht genug bekommen.

Da bleibe ich vorderhand, beschloss er, denn hier ist gut leben. Unter einer Gartenkiste fand er auch schon ein vorläufiges Zuhause, wo er seine Tage verschlafen konnte.

Isidor begegnet seinem Bruder

Als Isidor tüchtig ausgeschlafen hatte, spürte er einen gewaltigen Hunger. Vorsichtig äugte er aus dem Nest. Mit Vorsicht die Nacht beginnen. Altes Igelsprichwort. Die Abendröte stand über dem nahen Wald. Wie früher, dachte er. Vor allem aber brauchte er jetzt etwas in den Magen. Doch was musste er entdecken! Unweit von ihm lustwandelte doch tatsächlich ein Kollege durch die Gemüsebeete und futterte kleine Schnecken, die er vom Salat ablas.

«Hau ab!», brummte Isidor.

Der andere blieb ruckartig stehen, liess die Stirnstacheln, das Visier, herunter und zeigte sich kampfbereit.

«Du Kleingewicht!», spottete Isidor und wollte kurzen Prozess machen.

«Wie in aller Welt bist du hierhergekommen?», wunderte sich der Angeraunzte.

Jetzt ging auch Isidor ein Licht auf. War das nicht ein Bruder? Hatten sie nicht zusammen im Rindenhaufen gelegen? Er hob das Visier und wollte mehr erfahren.

«Wir haben dort, wie du weisst, alle vier geschlafen. Als wir erwachten, waren wir nur noch drei, genauer gesagt: noch zwei. Einer ist nicht mehr aufgewacht, weil er dem Ausgang am nächsten lag.»

Spätestens hier müssen wir wissen, was Igel nicht wissen können: Fällt ein Igel in seinen Winterschlaf, sinkt sein Herzschlag – man höre und staune – von 180 Schlägen pro Minute auf etwa 20. Auch sein Atem verlangsamt sich. Er atmet nicht mehr 45 Mal, sondern nur noch 5 Mal. Und erst seine Temperatur! Von 36 Grad fällt sie auf ganze 2 bis 6 Grad. Ein richtiger Kälteschlaf. Da braucht man im Herbst nur geschwächt einzuschlafen, und schon ist man Opfer des Winters.

«Vielleicht hatte er Hunger und wollte etwas zu sich nehmen», nahm Isidor das Gespräch wieder auf.

«Und hat in der weissen Schneewüste nichts gefunden. So wirds gewesen sein.»

«Weisse Schneewüste?», wunderte sich Isidor. Er durfte sich schon wundern, denn die war ihm unbekannt.

Der andere wunderte sich über Isidors Unwissenheit, las aber schon wieder eine Schnecke vom Salat. Womit er ausdrückte: Du willst allein sein. Ich will allein sein. Isidor war das recht, und er ging ebenfalls seiner Wege.

‹HIER WOHNT EIN IGEL!›, stand in Grossbuchstaben auf dem Anschlagbrett neben der Eingangstüre zum Garten. Das bedeutete für die Pflanzer: Keine Schneckenkörner mehr!

Doch wer hielt sich schon daran, wenn er zusehen musste, wie die Köpfe des Wintersalats von den vielen Schnecken geschmaust wurden. Zwar betrieben einige wenige biologischen Gartenbau. Die andern aber wollten zu ihren schönen Salatköpfen kommen. Darum blieb alles beim Alten.

Der Schrebergarten wäre für Isidor wirklich ein Paradies gewesen, wenn es unter den Schnecken nicht nur gute, sondern auch weniger gute gegeben hätte. Meist waren es dunkel gefärbte Körper, die er mit einigem Widerwillen zu sich nahm, obwohl er totem Fleisch nicht abgeneigt war. Mit den Würmern hatte er dieses Problem nicht. Die waren allesamt ein feines Fressen. Auch die Schnecken, die tot im Bier der Plastikbecher lagen, schmatzte er gerne. Betrunken wurde er davon nicht.

Von den vergifteten Schnecken aber wäre er krank geworden, hätte er zu viele gefressen. Ein leckeres Mahl bildeten auch die Maulwurfsgrillen. Er brauchte bloss den im Boden eingelassenen Bechern nachzugehen. Fand er keine, hatte wohl der andere schon seine Runde gemacht.

Unglaublich, aber wahr!

Igel wollen allein sein.
Schön und gut. Doch weshalb hielt Isidor trotzdem allnächtlich mit Seitenblicken nach seinem Bruder Ausschau? Aus einem simplen Grund. Sobald er ihm begegnete, wollte er ihm zeigen, wer hier das Sagen hatte. Der andere machte zwar nicht kehrt, bog aber bei der nächsten Wegkreuzung rechtwinklig ab. Das genügte Isidor. Er wollte es nur wieder einmal wissen. Erwachsene Igel lassen sich nie auf Revierkämpfe ein. «Sie begegnen sich und ziehen aneinander vorüber wie Schiffe in der Nacht», schrieb ein Dichter.

Wo aber bleibt der andere?, fragte sich Isidor seit vielen Nächten.

Er fragte erfolglos.

Eines Morgens in der Frühe sass nämlich ein Habicht auf einem der angebrachten Vogelsitze, damit er auf Mäusefang fliegen konnte. Manchmal machte man es ihnen einfach. Man legte die mit der Falle gefangenen Mäuse auf die Kiste, und die Vögel räumten ab.

An jenem Morgen sahen die scharfen Augen des Habichts etwas Braunes sich bewegen. Er wusste sogleich: ein Igel! Bevor dieser sein Tagesquartier erreichte – er war mit der Nase schon drin –, schoss der Habicht auf ihn zu, schlug die Krallen mit ihren dicken Hornplatten in den Stachelrock und trug ihn, als sei er nicht schwerer als eine Maus, davon.

«Schau dort!», rief Hans, der Obmann der Pflanzer.

Sein Nachbar Werner schaute erschrocken auf.

«Wo?», rief er und schaute in die angegebene Richtung. Und sah! Er sah einen Habicht mit einem Igel in den Fängen davonfliegen, ähnlich einem Seeadler, der einen Kilofisch davonträgt.

«Ist das die Möglichkeit!», staunte Werner. «Ich kanns nicht glauben!»

«Doch», wusste Hans, «Habichte jagen Igel, vor allem, wenn sie Junge haben. Der hat sicher zwei Junge im Horst.»

«Unglaublich, aber wahr!», rief Werner dem entschwindenden Habicht nach. «Hätte ichs nicht mit eigenen Augen gesehen, ich würds nicht glauben.» Das ‹Unglaublich!› ging ihm noch ein paar Mal über die Lippen.

Igel wollen allein sein. Jetzt bist dus, Isidor.

Habicht (Feind, bei dem die Abwehrstrategie des Igels versagt) trägt den geschlagenen Igel fort.

Ein gefährlicher Kampf

Isidor hielt es nicht länger im Schrebergarten, der fast ein Paradies hätte sein können. Er musste auch den angrenzenden Wald erkunden. Nur zu gut erinnerte er sich an die Ausflüge mit der Mutter dorthin und an den herrlichen Geruch des Waldbodens.

Der Weg führte ihn durchs Unterholz, durch Brombeerranken und vorjähriges Blattwerk. Und immer wieder gabs auch einen Käfer, den er im Gehen verspeiste. Er hielt sich nach Igelart brav an den Waldrand und mied die gefährliche Tiefe des Waldes. Das hatte ihm die Mutter nicht beigebracht. Er wusste es einfach.

Oft blieb er ruckartig stehen. Schon beim leisesten Knacken zuckte er zusammen. Sein gutes Gehör. Das Erschrecken warf ihn aber nicht um, denn er ging auf Sohlen und nicht auf Zehen wie der Fuchs und seinesgleichen. Und das gab ihm Halt.

Dann setzte er seinen Weg fort, der weiter und weiter durchs Unterholz führte. Sein Schnaufen und Rascheln entging auch der Waldohreule nicht. Blitzartig drehte sie den Kopf in Richtung Geräusch. Ihr Kopf ist sehr beweglich. Dafür sinds die Augen nicht. Die sind wie angeschraubt und eignen sich darum nicht zum Augenverdrehen.

Fehlalarm!, meldeten diese.

Dieser Igel ist mir zu schwer. Ein halbwüchsiger wäre mir lieber gewesen. Wie kann einer nur diese Grösse haben so früh im Jahr!

Auch den Fuchs – nein, nicht Iseblitz – liess er erfolgreich hinter sich.

Als ein Hase plötzlich neben ihm hochsauste, erschrak Isidor gewaltig.

«Einen so zu erschrecken!», rief er ihm nach. Er wusste von der Mutter: Hasen braucht ihr nicht zu fürchten, Rehe auch nicht. Vor Dachsen und Mardern hingegen müsst ihr euch in

Acht nehmen. Die grösste Gefahr aber sind die grossen Brummer, die mit Lichtern auf uns losgehen.

Immer steiler gings hinauf.

«Etwas mühsam», keuchte Isidor. Er keuchte immer. Schon beim geringsten Laut gab es dann wieder eine Verschnaufpause. Dann keuchte er nicht mehr. Dann war er mäuschenstill. Er stieg und stieg. Bis ihm ein hoher Felsblock den Weg abschnitt.

Der Block nannte sich Falkenfluh.

Was nun? Wie weiter?

Erst einmal ausruhn. Dann ein Versteck finden. Der Morgen zeigte schon sein fahles Rot.

Er beinelte weiter. Sieh da! Konnte er etwas Besseres finden? Unter dem Fels führte eine Höhle in den Berg.

Halt! sagte seine Nase. Da wohnt schon einer. Ist es kein Fuchs, ist es ein Dachs. Mit beiden wollte er nichts zu tun haben. Darum weiter!

Eine schmale Spalte im Fels zeigte ihm an, dass hier kein Besitzer lauerte. Nur, fragen wir uns, wie soll da Isidor hineinfinden? Das war das geringste Problem. Er, der sich dank seiner dehnbaren Haut flach wie eine Wähe machen kann, zwängte sich einfach hinein. Drinnen öffnete sich die Spalte. Isidor hatte einen Ort, wo er wunderbar geschützt den Tag verschlafen konnte.

Doch an Schlaf war noch nicht zu denken. Erstens knurrte sein Magen, und zweitens witterte seine Nase eine Beute besonderer Art.

Kaum war er draussen, verstärkte sich der Geruch deutlich. Obwohl er ein Nachttier war, machten seine runden Äuglein einen grossen Wurm aus.

Es gibt grosse Würmer, überlegte er. Und es gibt grössere. Damit meinte er die Blindschleiche, die er kürzlich verspeist hatte. Und es gibt noch grössere Würmer, solche wie den da. Munter ging er auf ihn zu.

Halt, Isidor, lass ab davon, das ist eine Kreuzotter, und die ist giftig und obendrein geschützt wie du!

Hätte er die Warnung verstanden, hätte er sich keinen Deut um sie geschert. Dieser ansehnliche Wurm wird mein Frühstück, beschloss er.

Das Frühstück ging einer sonderbaren Tätigkeit nach. Die Schlange fuhr mit der Zunge über die Blätter des Farns und der Hirschzunge und trank Morgentau. Auch Isidor stillte seinen Durst auf diese Weise. Nur heute nicht.

Schnurstracks ging er auf die Schlange zu, ohne laut zu atmen. Bei Gefahr konnte er auch leise sein.

Die Schlange fuhr hoch und fauchte: «Wenn du meinen Giftzahn spüren willst …!»

Auf Isidor machte das keinen Eindruck. Er wich drei Schritte zurück, um vier vorwärts zu gehen.

Wieder zuckte die Schlange hoch und fuhr den zusammengeklappten Giftzahn aus. Der sauste Isidor direkt auf den Rücken. Die Schlange spritzte – und traf ins Leere, genauer gesagt: in die Stacheln. Das Gift floss zwar auf die Haut. Es brannte ein wenig. Aber das war auch schon alles.

Igel erbeutet giftige Kreuzotter – bei diesem äusserst gefährlichen Feind funktioniert die Abwehrstrategie!

Isidor stellte das Visier noch tiefer und wartete. Auch die Schlange wartete, auf die ersten Lähmungserscheinungen ihres Opfers nämlich.

Sie wartete vergeblich. Isidor war nicht im Geringsten gelähmt. Im Gegenteil! Er packte jetzt das Schwanzende und bekam nochmals eins auf die Stacheln.

Au, tat das weh! Der Schlange nämlich. Sie hatte ihr Maul arg verletzt.

Isidor hatte nur ein Ziel im Auge: das Genick. Zunächst aber drückte er seine Stirnstacheln so lange in den Leib der Schlange, bis diese sich kaum mehr zu wehren vermochte. Dann schlugen seine Zähnchen zu. Sie blieben so lange im Genick, bis das Fauchen aufhörte.

Wer jetzt Zeuge gewesen wäre, hätte seinen Augen nicht getraut: Isidor begann zu mampfen. Und zwar ausgerechnet dort, wo wir es zuletzt vermuten würden: am Kopf.

Nachdem er diesen ohne Rücksicht auf Giftreste verschlungen hatte, begann ein gemütliches Speisen. Stückweise verschwand die Schlange im unersättlichen Igelmagen.

Nach einer Viertelstunde hatte er gefrühstückt. Dann drückte er sich in die Felsspalte, um dort den Tag zu verbringen.

Unser Stachelmann hatte sich aber verrechnet. Kopf und Brust waren bereits drin. Nur der Bauch wollte nicht. Die Beine konnten sperren und strampeln, so viel sie wollten. Der Bauch aber wollte und wollte sich nicht dehnen lassen.

«Dann eben nicht», grunzte er zufrieden. Er dachte an seine Gerätekiste. Bis dorthin war es ziemlich weit. Doch es ging ja waldab.

Er war wirklich ein putziger Kerl, wenn er so tippelte. Nur einer, der Eichelhäher, fand das nicht.

Zunächst achtete Isidor nicht auf das Tschä-tschä-tschä in den Wipfeln der Bäume. Als er aber Ausdrücke hörte wie «Räuber, Mörder, im Wald nichts zu suchen», merkte er, dass das aufgebrachte Kreischen ihm galt.

«Schweig! Das geht dich einen Wurmdreck an!»
«Ach ja, zu dieser Tragödie soll man noch schweigen!», lamentierte der Eichelhäher, der sich als Waldpolizist ausgab.
«Meinem Sperberauge entgeht nämlich nichts.»
«Sperber», tönte Isidor verächtlich. «Ich dachte, du frisst Eicheln.»
«Du hast eine der letzten Kreuzottern ermordet!»
«Du meinst gefrühstückt.»
«Beschönige noch! Jetzt gibt es in der Gegend nur noch ein einziges Paar.»
«Ein was?»
«Ein Kreuzotternpaar.»
«Danke für die Information. Ich bin jetzt zwar satt. Doch ein andermal ist auch ein Tag.»
«Ich werde rechtzeitig Alarm schlagen; darauf kannst du dich verlassen.»
«Tu das!», sagte Isidor, während er gerade einen Tausendfüssler verschlang.

Dann war er aus dem Wald, und die Strafpredigt entfernte sich. Der Waldpolizist hatte offenbar einen andern Sünder entdeckt.

Nach zwei fetten Regenwürmern, die er nicht auslassen mochte, langte er endlich bei seiner Behausung an.

Die Würmer stossen, stellte er fest. Das Wetter ändert. Mir solls recht sein. Diese dauernde Hitze macht mir zu schaffen. Dachte es und machte es sich unter der Kiste bequem.

Der Kerl wächst ja vor meinen eigenen Augen!

Isidor schlief unter der Kiste, auf die tagsüber die Sonne brannte. Er träumte von einem Bach, wo er seinen Brand löschen konnte. Wie herrlich ihm das Wasser mundete! Doch wie er auch trank, der Durst wollte sich nicht löschen lassen.
Endlich erwachte er. Die Zunge klebte ihm am Gaumen. Der Durst! Ihn mit Morgentau stillen, ging nicht. Es war ja Abend. Darum nichts wie los zum nahen Bach! «Und in diese Hitze kehre ich auch nicht zurück!», schwor er sich laut.
Und wie er gehen konnte mit seinen langen Hinterbeinen! Diese Schnelligkeit trauten wir ihm wirklich nicht zu. Nichts vermochte ihn aufzuhalten.

Er kannte die Stelle, wo er sich flach machen musste, um unter dem Zaun durchzukommen. Dann steuerte er geradewegs auf jenes Inselchen im Bach zu, wo er Wasser schlabbern konnte, bis sein Durst gelöscht war. Hoffentlich war noch Wasser vorhanden.

Der Bach war durch die anhaltende Hitze und Trockenheit zum mickrigen Bächlein geworden. Nur ein dünnes Rinnsal schlängelte sich dahin. Bei einem Unwetter konnte dieses Rinnsal allerdings auch fürchterlich anschwellen. Dann riss es alles mit sich, und die dürren Äste verstopften dann die kleine Röhre, die unter der Strasse durchführte. Nicht lange, und der halbe Schrebergarten stand jedes Mal unter Wasser.

Kaum auf dem Inselchen angekommen, schlürfte Isidor frischkühles Wasser. Es war wohl der ‹Schlangenfrass›, der ihm diesen Durst verursacht hatte.

Plötzlich stand ein Fischotter mit samtigem Fell am Bachrand. Ihm direkt gegenüber.

«Schau einer an! Ein Igel! Etwas Besseres hätte mir zum Nachtessen nicht unterkommen können.»

«Halt dich an die Fische, Fischotter!»

«Fische ist gut. Die Fischer haben den Bach ausgefischt und die Fische in tieferes Wasser gebracht. Und unsereins? Muss hungern oder die weite Reise zum Fluss unternehmen.»

«Unternimm sie!», sagte Isidor gelassen, obwohl ihm himmelangst war.

«Mit knurrendem Magen?»

«Dann nimm mit Wasserratten vorlieb!»

«Nicht, wenn ich Besseres finde», drohte der andere.

«Ich will es dir nicht geraten haben.»

Der Fischotter hatte die Warnung überhört und stand mit den Vorderfüssen schon im Wasser. Er blickte scharf und furchterregend.

«Ich brauch dich nur ein wenig zum Schwimmen zu bringen, dann bist du nämlich von unten angreifbar, weil du dich ausrollen musst», tönte es hämisch.

Isidor stellte seine Stacheln wie Spiesse auf und stand, das Visier gesenkt, angriffsbereit. In seiner Verzweiflung begann er zu trinken. Er trank und trank und trank.

«Hast du einen Durst! Alle Wetter!», staunte der Fischotter und vergass dabei, ‹von unten› anzugreifen. Wie auch, denn in dieser Pfütze von Bächlein war nichts mit Schwimmen.

Konfrontation mit einem Fischotter – durch Aufblähen gelingt Abschreckung.

Isidor fand keine Zeit zum Antworten, denn zwischen dem Wasserschlucken schluckte er regelmässig auch Luft.

«Ich werde mich in der Nacht zum Fluss durchschlagen müssen. Nur, wie gesagt, nicht ohne etwas im Magen zu haben.» Der Fischotter stand jetzt mit allen vieren im Wasser. Isidor vermochte die Schwimmhäute zwischen den Zehen deutlich zu erkennen. Angst packte ihn, eine furchtbare Angst, eine Höllenangst. Er wusste, es ging um Leben und Tod. Mit Wasser und Luft begann er, seinen Körper ballonartig aufzupumpen. Er wurde zusehends grösser und grösser. Das entging dem Fischotter nicht.

«Weiss der Kuckuck. Das ist ja ... das darf doch nicht ... der Kerl wächst ja vor meinen eigenen Augen. Mit dem ist wohl nicht gut Fische fressen.»

Da tat Isidor einen spitzen Schrei und machte sogar einen Hüpfer gegen den Feind.

Der Fischotter erschrak derart, dass er nicht schnell genug kehrtmachen konnte, um das Weite zu suchen.

«Zum Kuckuck mit dir!», rief ihm Isidor nach und atmete hörbar auf. In ihm jubelte es. Sein Trick, den er zum ersten Mal angewandt hatte, war ihm gelungen. Wer nur hatte ihn Isidor beigebracht? Die Mutter nicht. Er wusste es einfach. Wunderbar, was der Natur alles einfällt. Hätten wir Isidor gefragt, hätte er wohl geantwortet: Man muss es eben im kleinen Zeh haben.

Wir, die wir Zeugen dieser Begegnung sein durften, können uns leicht vorstellen, wie Isidor, auf dem Inselchen stehend, schier unendlich lang Wasser lassen musste.

Überraschende Begegnung

Igel haben viele Feinde. Auch Isidor war da keine Ausnahme. Allerdings machte er mit seiner Grösse so früh im Jahr einen Respekt gebietenden Eindruck. Auf jeden Fall hatte er sich vor der Eule in Acht zu nehmen. Auch Marder und Iltis sind ernsthafte Feinde. Als die zwei grössten müssen wir leider chemische Schädlingsbekämpfungsmittel und an erster Stelle das Auto nennen. Zu Isidors Todfeinden gehören wildernde Hunde, zumal wenn sie in der Grösse eines Kalbes daherkommen. Bisher wollte noch kein Hund von dieser Sorte etwas wissen von ihm, weil ein wildernder Hund in einem Schrebergarten nichts, aber auch gar nichts zu suchen hat.

Einen gab es. Den hätten wir fast vergessen. Einen Jungfuchs. Auch er ein Abenteurer. Der wollte es wissen und griff Isidor gleich im Mäuselsprung an. Da heulte es auf in der Gegend zum Gotterbarmen.

«So gehts, wenn man die Nase zuvorderst hat, junger Rotschopf!», brummte Isidor hämisch.

Er hatte gleich gemerkt, dass es sich um einen jungen, noch unerfahrenen Fuchs handelte. Und einigen von uns schwant, dass der junge Rotschopf kein anderer war als Iseblitz, der in einem andern Buch schliesslich zum Stadtfuchs wurde und dort ein herrliches Leben führte.*

«Du Naseweis!», reizte ihn Isidor, dem sich endlich Gelegenheit bot, sich an einem jungen Fuchs zu rächen für all die jungen Igelchen, die der Füchse wegen ihr Leben lassen mussten. Zumal dann, wenn eine Füchsin Junge zu ernähren hatte. Isidor war zwar ein noch junger Igel, durch glückliche Fügung aber schon fast drei Pfund schwer. Und seine Länge? Dürfen wir gut und gerne mit dreissig Zentimetern angeben.

* Heinrich Wiesner, ‹Iseblitz›. Der Waldfuchs, der zum Stadtfuchs wurde. Zytglogge Verlag 1991

Nachdem der einseitige Kampf noch eine Weile gedauert hatte, musste der junge Iseblitz ausruhen. Und was stellte Isidor fest? Blut troff ihm von Nase und Lefzen. Wie einige von uns wissen, hatte Iseblitz von Isidor abgelassen, war mit eingezogenem Schwanz in seine Höhle gehumpelt und hatte dort seine Wunden geleckt.

Übrigens hat kürzlich ein Fotograf über Iseblitz' Nachkommen berichtet. Die haben sich so ans Stadtleben gewöhnt, dass sie an Wochenenden tagsüber reihenweise auf den Baugerüsten liegen, sich dort sonnen und auf die Nacht warten, um sich an Abfallsäcken und anderen Leckereien gütlich zu tun.

Du duftest so gut!

Ich will allein sein, hatte ihm der Bruder zu verstehen gegeben. Isidor musste ihm Recht geben. Je weiter der Mai aber fortschritt, desto mehr machte ihm seine Einsamkeit zu schaffen. Mehr und mehr sehnte er sich nach Zweisamkeit.

Darum machte er sich auf die Wanderschaft, um einem Igel zu begegnen. Nein, nicht dem Bruder. Der war ohnehin nicht mehr. Und selbst wenn, hätten sie einander glatt übersehen.

Von spät bis früh dauerte die Wanderschaft. Sein ewiger Hunger erinnerte ihn daran, dass er auch fressen musste. Das tat er auch: hier eine Wegschnecke, dort einen Wurm, da einen Nachtfalter. Rückte er einen Stein weg, verschmähte er auch die Asseln darunter nicht, diese grauschwarzen, platt gedrückten Viecher. Er nahms, wies kam. Mit seinen Gedanken aber war er anderswo.

Von Nacht zu Nacht dehnte er seine Streifzüge weiter aus. Doch es wollte und wollte ihm kein Igel begegnen.

Bis.

Ja, bis. Bis eines Nachts ein verführerischer Duft in seine empfindsame Nase geriet.

Ich suche eine Partnerin – Flehmen = typische Geruchsaufnahme

Sogleich marschierte er los, so dass jetzt seine beträchtlich langen Beine sichtbar wurden. Und das Tempo, das er anschlug!

Bald fand er die Quelle des Duftes: einen Igel.

Doch welche Enttäuschung! Als er ihn freudig begrüssen wollte, liess dieser das Visier hinunter und brummte: «Hau ab, du kommst mir in die Quere!»

«Genau das will ich ja.»

Der andere liess die Stacheln rasseln, als trage er ein Kettenhemd.

«Wo ich dich so lange gesucht und endlich gefunden habe!»

«Ich mags auf den Tod nicht leiden, wenn mir einer zu nah auf die Stacheln rückt!»

«Bin ich einer, irgendeiner? Ich bin ich, und auch du bist nicht irgendeiner.»

Mit Letzterem hatte Isidor natürlich Recht. Der Igel mit dem wundersamen Duft – wir ahnen es – war nicht irgendeiner. Er war eine, eine Igeldame nämlich, der wir doch gleich einen Namen geben wollen. Was liegt näher, als sie auf den Namen Isidora zu taufen. Jetzt war sie nicht mehr namenlos. Jetzt war sie jemand. Jemand sein, das ist wichtig. Auch für Igel.

In Liebe entbrannt, umwarb Isidor sie. Diese, obwohl als Igelin etwas grösser als ihr Bewerber, hatte alle Mühe, den stürmischen Liebhaber abzuwehren.

Darum ergreift sie die Flucht. Er lässt sich aber nicht abwimmeln und bleibt Isidora dicht auf den Fersen.

Sie kugelt sich ein, um wieder zu Atem zu kommen. So verharrt sie und hat Zeit.

Auch Isidor nimmt sich Zeit. Eine Nacht lang umkreist er seine Angebetete, bis diese im Morgengrauen endlich die Geduld verliert. Mit aufgestellter Stachelmütze boxt sie auf ihn los. Er wehrt sich kaum. Die Stiche in seine ungeschützte Stirn empfindet er als Liebesstiche.

Isidora hört nicht auf zu attackieren. Ein Kampf entbrennt. Immer wieder will er von hinten an sie herankommen. Sie aber kehrt ihm stets die Seite zu.

Jetzt auch das noch! – Ein weiterer Igel erscheint auf dem Kampfplatz. Isidor ist keinesfalls gewillt, Isidora mit dem andern zu teilen oder sie ihm gar zu überlassen. Er unterläuft die aufgestellten Stacheln des Rivalen und versetzt ihm einen Biss in den Bauch. Doch auch er muss einen Treffer einstecken, weil er beim Angriff die Deckung vergessen hat. Obwohl beide bluten, lassen sie nicht ab vom Kampf. Bis sich der Störenfried endlich davonmacht.

Isidora war das recht gewesen. Hatte sie doch Gelegenheit, sich dünnzumachen. Und ward nicht mehr gesehn.

Isidor, von Sehnsucht geplagt, verbrachte den heissen Tag im Schatten unter einem Stoss aufgeschichtetem Spaltholz. Den Abend konnte er kaum erwarten. Vor Erregung vergass er sogar den Hunger. Er suchte nach dem süssesten Duft der Welt. Und fand ihn endlich im Morgengrauen.

Wieder jagt er Isidora im Kreis herum. Wieder dreht sich das ‹Igelkarussell›. Wieder umgibt er Isidora mit seinem eigenen Duft. Ganz betäubt wird sie davon.

«Ach Gott», stöhnt sie endlich ergeben und wehrt sich nicht mehr. Findet jetzt eine Umarmung statt? Man bedenke, die Stacheln! Überhaupt nicht. Sie glättet ihre Stacheln, hebt ihr Becken etwas an, reckt die Nase in die Luft und lässt sich, so unglaubhaft das klingt, an den Schulterstacheln packen.

Nachher liegt Isidor in Zweisamkeit bei ihr. Nicht lange, und er möchte das Liebesspiel wiederholen. Da kommt er aber an die falsche Adresse.

«Mir vom Acker! Und zwar schleunigst! Ich will endlich allein sein!»

Nach weiteren vergeblichen Versuchen erkennt Isidor endlich, dass es Isidora ernst meint. Er trollt sich und weiss: Natürlich, klar, Igel wollen allein sein, obwohl mir im Augenblick gar nicht danach zumute ist.

Ob er den ganzen Sommer über allein blieb, wissen wir nicht. Was wir wissen: Igel sind keine treuen Partner. Ihre Natur halt. Lassen wir ihn darum vorläufig seiner Wege gehen und weitere Abenteuer erleben.

Das süsse Geheimnis

Auch Isidora ging ihren Weg. Er führte direkt zu ihrem Bauernhof. Dort war sie schon im Winter heimisch gewesen, weil sie mit ihren Geschwistern unter dem Heuschober den Winterschlaf gehalten hatte.

Seit ihrem Erwachen kundschaftete sie die Gegend aus, kehrte aber morgens immer wieder in ihr Revier zurück. Beim Bauernhof gab es viele Unterkünfte.

Nachts war sie unterwegs auf Futtersuche. Der Tisch war diesen Sommer nicht so reich gedeckt wie andere Jahre. Schuld war der fehlende Regen. Kein Regen, keine Regenwürmer. Oder fast keine. Der Boden bildete bereits so breite Risse, dass Isidora aufpassen musste, nicht hineinzutappen.

Trotzdem musste sie nicht hungern. Da war ja der Bauerngarten. Der gab immer etwas her: eine Maulwurfsgrille, einen Nachtfalter, diese kleinen, sauberen Schnecken. Von grossen schwarzen Wegschnecken wandte sie sich angewidert ab. Dieser unangenehme Geruch!

Am Morgen war sie jedenfalls satt und wanderte mit ihrem Geheimnis dem Komposthaufen zu. Geheimnis? Ja, Isidora trug ein süsses Geheimnis mit sich, ohne dass man es ihr anmerkte. Der Stachelpanzer umhüllte es.

Nach fünf Wochen gab sie es preis. Vorher aber trug sie dicke Grasbüschel und Moos unter den Haufen und drehte sich so lange, bis alles festgetreten war für ein kuscheliges Nest.

Eines Morgens liegen dann vier kleine, rosige, weissstachelige Igelchen neben ihr. Eins nach dem andern ist zur Welt gekommen. Und jedes wird ausgiebig geleckt, damit Atmung und Kreislauf angeregt werden. Die weissen Stacheln, schon sichtbar, liegen eingebettet in ihrer aufgequollenen Haut, so dass sie die Mutter während der Geburt nicht verletzen können.

Vier Junge hat Isidora zur Welt gebracht. Jedes arbeitet sich blind zu den Zitzen der Mutter und trinkt. Kaum satt, schlafen die Säuglinge ein, und Isidora hat Zeit, sich vom Geschehen zu erholen.

Die ersten Tage vergehen mit Trinken und Schlafen und Trinken und Schlafen. Isidora geniesst ihr Mutterglück, ohne ihr Nest auch nur einmal zu verlassen. Nach jeder Mahlzeit leckt sie der Reihe nach Bäuchlein und After und regt dadurch die Verdauung an. Anschliessend – ekle dich nicht, denn es ist notwendig – frisst sie Kot und Urin, um damit die Kinderstube sauber und rein zu halten. Sie hält es wie die brütenden Vögel, die auch regelmässig mit einem weissen Paket im Schnabel das Nest verlassen.

Ewig kann das nicht dauern. Einmal ist ihr Milchvorrat zu Ende. Am Abend des dritten Tages verlässt sie den Komposthaufen. Bello, der Hofhund, gibt Laut. Sie schert sich nicht darum, denn sie weiss, die Kleinen hören ihn nicht. Die sind noch taub. Taub und blind. Das bleiben sie vierzehn Tage lang, währenddessen zwischen den weissen Stacheln schon die bräunlichen hervorgucken.

Sie braucht jetzt dringend Nahrung, kalorienreiche Nahrung. Darum führt ihr Weg direkt in den Hühnerstall.

Igelkinder im Nest

Eine Leckerei besonderer Art

Die Tür stand noch offen. In der Dämmerung huschte Isidora hinein. Die Hühner sassen schon auf ihrer Stange und schauten verwundert, als sie den dunklen Schatten unter sich schnaufen hörten. Ein Fuchs konnte es nicht sein. Darum schlugen sie auch nicht Alarm.

Was soll das?, fragten ihre Mienen. Aufmerksam beobachteten sie, wie Isidora den Boden durchschnüffelte und in jeder Ecke das Stroh aufwarf. An die Legekästen kam sie nicht heran. Dort, wusste sie, fände sie, was sie suchte.

Doch welch ein Glück: In der vierten Ecke, gebettet auf Stroh, lag ein wunderbar grosses Ei, weil sich ein Huhn nicht an die Legeordnung gehalten hatte.

Sogleich schubste sie es an, so dass es ins Rollen kam. Wollte sie es knacken mit ihrem kleinen Gebiss? Isidora wusste aus Erfahrung, dass ein solches Unterfangen misslingen musste.

Doch Not macht erfinderisch. Sie rollte das Ei hin und her. Die Hühner kamen nicht aus dem Staunen heraus. So kommst du nie an die Leckerei heran, sagten ihre Mienen.

Jetzt rollte Isidora das Ei energisch an die Backsteinwand. Ihr feines Gehör vernahm ein Knirschen. Schnell nachgeschaut! Ja, das Ei hatte eine winzige Bruchstelle. Dort konnte sie ihr Gebiss ansetzen und ein winziges Stück Schale aufbrechen. Die zähe Haut darunter war für die spitzen Igelzähnchen kein Problem mehr.

Und nun schlürfte und schmatzte und schleckte und schnaufte sie, dass das Federvieh über ihr rein das Gackern vergass. Mit ihren Krallen riss sie nun auch ein grosses Stück Schale weg. So hatte sie besser Zugang zu der Köstlichkeit. Bis auf die letzte Schale wurde alles geschmatzt.

Jetzt aber husch hinaus, denn ihr feines Ohr hörte Schritte kommen.

«Schau einer an!», rief die Bäuerin, «unser Igel, der putzige Kerl!»

Ahnungslos liess sie ihn passieren. Sie wunderte sich bloss über die Schnelligkeit, mit der Isidora hochbeinig vom Hühnerhaus wegstrebte.

Auf dem Jaucheboden setzte sich auch noch ein grünes Heupferd, der grösste Heuhüpfer seiner Art, vor ihre Nase. Ein kleiner Sprung, und er lag zwischen ihren Vorderfüssen. Nein, sie ging noch nicht zurück zu ihren Kleinen. Auf einem Umweg durchs hohe Wiesengras fand sie Insekten aller Art. Sie tat gut daran, sich heute noch welche davon einzuverleiben, denn am andern Morgen sollte das Heugras gemäht werden.

Als Isidora in der Morgendämmerung endlich ins Nest schlüpfte, wurde sie von ihren Jungen heftig fiepend begrüsst. Obwohl ihre Äuglein noch blind waren, fanden sie sogleich zu den nährenden Zitzen, deren Milchfluss jetzt wieder mächtig war.

Nachher lagen alle vier an die Mutter geschmiegt und schliefen selig. Was für ein friedliches Bild!

Und Vater Isidor? Schaute er nie nach seiner Familie?

Nie!

Isidora hätte das auch nicht gewünscht. Igel sind nun einmal Einzelgänger. Isidor zigeunerte weiter in seiner Welt umher, um Abenteuer zu bestehen. Und wenn er einer Igeldame begegnete, begann er ohne schlechtes Gewissen um sie zu werben. Treu sind sie nicht, die Igel. Da könnten sie sich ein Beispiel nehmen an Störchen oder Murmeltieren. Die halten einander ein Leben lang die Treue.

Während sich Isidor also nicht um seine Familie kümmerte, tat das ein anderer um so mehr. Der Hofhund nämlich, der abends für eine Weile von der Kette durfte. Er hatte sich das Versteck gut gemerkt, in welchem Isidora immer wieder verschwand.

Zwar hatte er keinen Zugang zum Nest. Doch er tanzte davor herum und schnaubte und hechelte mit heissem Atem, dass das Wohnen hier keine Freude mehr machte. Darum fasste Isidora einen Entschluss.

Nach dem Eindunkeln sah man sie ihre Behausung mit einem rosaroten Kind im Maul verlassen. Das lag in der Tragstarre wie junge Kätzchen und spürte keinen Schmerz.

Isidora musste nicht weit gehen. Nur bis zum ‹Lebhag›, einer dichten Hecke mit Brombeergebüsch. Dort hatte sie vorher ein Nest gebaut.

Bald war der Umzug vollzogen.

Bald auch – nach vierzehn Tagen – öffneten die Kleinen Augen und Ohren und konnten sehen und hören. Doch die Welt blieb vorderhand nur ihre Mutter.

Hatte ihnen der Umzug gut getan? Es schien nicht so. Oder waren sie vorher schon krank und hatten sich mit der Tollwut angesteckt? Jedenfalls hatten sie Schaum vor dem Maul, den sie mit ihrer langen Zunge in wilden Verrenkungen auf ihren Rücken schleuderten, bis dieser voll Speichel war.

Transportstarre – Nestwechsel

Nein, die Tollwut war nicht ausgebrochen. Aber wozu diese Selbstbespeichelung? Hier gibt uns der Igel noch immer ein Rätsel auf, das auch die Tierforscher bisher nicht lösen konnten. Viele glauben, die Igel würden das tun, um den Eigengeruch zu verdecken, um so vom Hofhund und anderen Feinden nicht bemerkt zu werden.

Das leuchtet uns ein, zumal unsere Kleinen vorher einen stark riechenden Tollkirschenzweig zerkaut hatten, so dass nun alles nach Tollkirschenzweig roch.

Trinken, schlafen, trinken, schlafen

Das wäre den Igelchen noch lange recht gewesen. Nach vier Wochen aber setzte die Mutter diesem Leben ein Ende. «Hinaus gehts! Im Igelmarsch mir nach!»
Die Mutter ging im Eiltempo voran, immer um Futtersuche bemüht. Mit lieber Mühe beinelten die Kleinen hinterher. Inzwischen war zum grossen Glück für Wald und Flur während zwei vollen Tagen und Nächten ein Landregen niedergegangen. Die Wiese vor dem Lebhag gab Nahrung her in Fülle.
Legte Isidora jetzt jedem Einzelnen einen Wurm oder Käfer vor? Sie dachte nicht daran, sondern sagte sich: Sollen sie selbst erproben, was ihnen gut tut und was nicht.
Eine Nacht ist lang, wenn man zum ersten Mal auf Futtersuche geht. Die Kleinen schleiften ihre Bäuchlein bereits am Boden nach. Da hatte die Mutter endlich ein Einsehen und eilte, noch bevor der Morgen graute, zurück ins Nest. Dort bekam jedes noch ein paar Schlucke Milch. Dann fielen sie vor Müdigkeit in tiefen Schlaf.
Die Igelkinder waren auf den Geschmack gekommen und konnten den nächsten Abend kaum erwarten, obwohl sie einen Muskelkater verspürten. Neben Würmern und Nacktschnecken bekamen sie auch Lust auf das, was aus der Luft kam: Heuschrecken, Nachtfalter und fliegende Käfer aller Art.

Auch Gefahren lernten sie kennen.
Als sie an den Bach kamen, platschte das vorderste sogleich hinein, aber es konnte, Nase steil in die Höhe, schwimmen. Die Angst war seinen aufgerissenen Äuglein anzusehen. Die Mutter war rasch zur Stelle, packte es am Kragen und krabbelte mit ihm aufs Trockene hinauf.
Nächtelang Jagd machen und zum Dessert am Morgen von der Mutter ein paar Schlucke Milch. Auch das hätte wunderbar so weitergehen können.

Nach acht Wochen aber gab Isidora ihren Halbwüchsigen mit Knuffen und Bissen zu verstehen, sie hätten jetzt ihre eigenen Wege zu gehen. «Fort mit euch!»

Sie nistete sich in einem andern Nest ein und liess niemand mehr an sich heran. Wollte sie wieder wie alle Igel allein sein? Oder war es eine Erziehungsmassnahme?

Erstunken und erlogen!

Einigkeit macht stark, sagten sich unsere Igelchen, die nun Igel geworden waren, und blieben beisammen. Wie sies gewohnt waren, gingen sie Nacht für Nacht im Igelmarsch hintereinander. Eines war immer der Führer. In der Morgenfrühe gingen sie zurück in ihr Nest, kuschelten sich aneinander und verschliefen den Tag.

In der Abenddämmerung trugen sie jetzt Ringkämpfe aus vor dem Lebhag, um zu sehen, wer der Stärkere war. Das Spiel von Kindern eben.

Einmal begegnete ihnen ein grosser Igel, der nicht ihre Mutter war. Ja, es war Vater Isidor. Der kümmerte sich keinen Deut um seine Nachkommenschaft.

«Mir vom Leib!», drohte er ihnen. Sie aber nahmen es als Spiel. Darum attackierte er sie so lange, bis sie wussten: Abstand halten, der meint es ernst. Igelsitte!

Das Jahr wurde älter. Unsere vier hatten sich gut gemästet. Angefaultes Fallobst war jetzt ihre Lieblingsspeise. Sie wars auch deshalb, weil alle nach jedem Schmaus ein wenig betrunken waren, und das ist nicht gelogen. Das Obst war bereits ein wenig vergoren und enthielt Alkohol.

Erstunken und erlogen ist hingegen jene Geschichte, die man immer wieder hört: Igel würden sich Äpfel auf den Rücken laden, um sie als Vorrat heim ins Nest zu tragen. Wie sollten sie das anstellen und warum? Wo sie doch Hunderte von Äpfeln und Birnen vor ihrer Haustür finden. Ein Märchen. Dieses Märchen erzählen sogar Lehrer ihren Schülern noch immer.

Nordlage

Der November ging ins Land und brachte kalte Nächte. Unsere Igelgeschwister waren noch immer beisammen und beschlossen, auch weiterhin beisammenzubleiben, um einander zu wärmen.

«Hier können wir nicht bleiben», sagte der eine Igel.
«So geschützt der Ort auch ist», sagte der andere.
«Wegen der Sonne», sagte der dritte.
«Die uns zu früh wecken könnte, wenn sie einmal warm scheint», sagte der vierte.

Darum waren alle der Meinung, sie müssten Nordlage suchen. Sie sagten nicht Nordlage. Sie dachten nicht Nordlage. Doch sie wussten, wo Nordlage war.

Es begann ein Marsch auf gut sichtbaren hohen Beinen, die man den Stachelröcken nicht zugetraut hätte. Manchmal gingen sie im Igelmarsch, manchmal als Gruppe, wie es sich gerade ergab. Das Hintereinandergehen hatte zu den Ausflügen mit Mutter gehört. Einmal begegneten sie ihr sogar. Sie schaute sich nicht einmal nach ihnen um. Natürlich, sie will allein sein, sagten sie sich. Das hatte sie ihnen deutlich zu verstehen gegeben.

Bald gerieten sie in eine Gegend, wo einmal der Sturmwind Lothar gewütet hatte und der Wald verwüstet war. Wurzelstöcke lagen herum. Doch nicht nur das. Es gab auch Haufen dürrer Äste, die schon länger hier gelegen haben mussten, verdorrt, wie sie waren.

«Das ist es!», riefen sie wie aus einem Munde.

Des einen Leid, des andern Glück.

Sogleich gruben sie einen Gang unter den Asthaufen. Das ging nicht ohne Anstrengung. Mit der Stirn boxten sie Astenden weg, die ihnen im Weg waren. Drinnen ging die Arbeit weiter. Wie mühevoll, lästige Astenden auf die Seite zu stupsen, damit ein schöner Wohnraum entstand.

Fehlten nur noch die Blätter, um das Nest weich zu machen. Sie gingen ein und aus und schleppten Material herbei, bis es zur Polsterung langte. Dann begannen sie sich so lange zu drehen, bis die Blätter kunstgerecht dalagen.

Es befiel sie eine derart grosse Müdigkeit, dass sie nicht mehr hinausgehen mochten. Es fand sich ja kaum noch etwas Fressbares. Sie kugelten sich ein, legten sich dicht nebeneinander und lagen auch schon im Schlaf.

Er soll ihnen gut tun bis zum März, wenn ein neues Igeljahr beginnt.

Erwachen

Wie schnell doch die Zeit vergeht, besonders im Schlaf. Schon war März. Amsel, Drossel, Fink und Star hielten schon seit Tagen ihr Frühlingskonzert. Ja, der Star war bereits aus dem Süden zurück. Unsere Igel wurden davon nicht geweckt. Sie hatten einfach ausgeschlafen und wollten erwachen. Aber wie? Es dauerte einige Stunden, bis das Herz wieder auf hundertachtzig war. Schliesslich taumelte der erste ins Freie. Hopsa! Schon warf es ihn auf die Seite. Mühsam rappelte er sich hoch. Fast ein halbes Jahr lang war er nicht mehr auf den Beinen gewesen. Da musste er halt wieder gehen lernen. Ans Fressen dachte er nicht. Darum liess er den Ameisenhaufen links liegen. Auch der Magen hat ein halbes Jahr lang nicht mehr verdaut. Da wäre schon eine einzige Ameise Gift für ihn und er bekäme Krämpfe.

Bei der Pfütze im Weg machte unser Langschläfer Halt. Und trank. Wasser war genau das, was er jetzt nötig hatte und auch vertrug. Dadurch erwachten auch die Körpersäfte. Langsam bekam sich der Igel in den Griff. Mit sicheren Schritten ging er zurück und musste sich von der grossen Anstrengung erst einmal erholen.

Alle vier nahmen nach dem ersten Ausgang noch eine Mütze voll Schlaf.

Am Abend verliessen sie ihr Nest wieder und verstreuten sich in alle Winde, ohne einander Adieu zu sagen. Doch sie blieben in der Gegend.

Ähnlich machte es ein anderer. Er hiess Isidor und hatte sich in der Nähe eingenistet. Erkannte Isidor seine Kinder? Das wissen wir nicht. Begegneten zwei einander in der Abenddämmerung, hielten sie Abstand nach Igelart. Wie sagte doch der Dichter: «Wie Schiffe in der Nacht ziehen sie aneinander vorüber.»

Natur und Geschichten bei Zytglogge

Heinrich Wiesner
Iseblitz
Pinselzeichnungen von Karin Widmer

Der kleine Fuchs heisst «Iseblitz» und reden kann er auch. Das klingt nach Tierfabel und Herzigkeit. Keine Spur davon. «Iseblitz» ist der bestens recherchierte, also wahre Abenteuerroman über eine Fuchsjugend im Wald. Da wird nicht geflunkert. Und kuschelig ist es nur dort, wo die Fuchskinder in der Höhle sich tatsächlich an die Mutter schmiegen oder beim Spielen durcheinanderpurzeln. Ebenso überzeugend ist das Reden von Iseblitz: In kurzen, prägnanten Gesprächen mit einem anderen Fuchs oder einem Igel sind Informationen über das Leben der Füchse verpackt, bis zum tollen Ende, wenn Iseblitz am Stadtrand einen Koch und Fuchsliebhaber findet. Heinrich Wiesner hat das «schlauste Landtier der Erde» genau studiert und daraus eine Story gemacht, die spannend ist wie ein Krimi.

Annemarie Monteil, BAZ

Heinrich Wiesner
Wolfmädchen
Illustrationen von Karin Widmer

Sara, das scheue Einzelkind gilt als stärkstes Mädchen der Klasse. Sie hat Patrick auf den Rücken gelegt. Jetzt fürchtet sie sich vor der Rache seiner Viererbande und macht jeden Tag einen Umweg in die Schule. Als unsichtbarer Freund und Beschützer begleitet sie ein silbergrauer Wolf. Er wird zu ihrer inneren Stimme, die sie in schwierigen Situationen berät, sie zum Handeln ermutigt und ihr Selbstvertrauen stärkt. Langsam tritt das Mädchen aus seinem Schatten heraus, wird Klassenkomikerin, gründet selber eine Bande und gewinnt sogar eine Freundin, mit der sie ihr Problem bereden kann. Sara entwickelt immer mehr Selbstbewusstsein, und dadurch entfalten und verändern sich die Geschehnisse und Machtverhältnisse in- und ausserhalb des Klassenzimmers. Heinrich Wiesner versteht es, die Beziehungs- und Schulthemen von Mittelstufenkindern spannend darzustellen.

Elisabeth Schweizer-Mäder

Geschichte und Geschichten bei Zytglogge

Heinrich Wiesner
Jaromir bei den Rittern
Illustriert von Eleonore Schmid

Die Idee, in der Zeit reisen zu können, die Schwelle des Hier und Jetzt zu durchbrechen, kann als alter Menschheitstraum bezeichnet werden. Einer, der sich diesen Wunsch ganz nach Belieben erfüllt, ist Jaromir, ein fünfzehnjähriger Schüler. Er denkt sich «ganz einfach» in ein Bild hinein.
So gelangt er an den mittelalterlichen Hof eines echten Ritters. Die jugendlichen Leser lernen mit Jaromir zusammen, wie der Tagesablauf auf der Burg aussah, was es zu essen gab, wie man sich kleidete und vieles mehr. Auch über aussergewöhnliche Ereignisse wird berichtet, die Jagd etwa oder Turniere oder den Minnegesang. *rgt., Bund*

Heinrich Wiesner
Jaromir
Theaterspiel von Rosmarie Graf

Theaterspiel für 10- bis 13-Jährige, aufbereitet von Rosmarie Graf nach dem Buch von Heinrich Wiesner «Jaromir bei den Rittern». Dias bilden entsprechende Kulissen. Durch das Projizieren entsteht eine weitere Spielebene, das Schattenbild.
Requisiten werden durch die Schüler hergestellt.
Da die Rollen von Jaromir und Volker sehr lang sind, werden sie in jedem Kapitel von anderen «Schauspielern» übernommen.
Rollen: Jaromir, Mutter, Volker, Burgherr, Edelmann, Diener, Adliger, Fischer, 1. Turmwart, 2. Turmwart, Mechthild, Burgherrin, Zofe oder Gärtner, Falkner, Gehilfe, Kampfrichter, Edelfrau, zwei Vögte, drei Hunde, Jäger, Ritter, Eber, Frischlinge, Minnesänger, Ritter und Gemahlinnen, Tänzer, Waffenknecht, Angreifer, vier Bauern u. a.
(Manuskript und Aufführungsrechte beim Verlag)

Geschichte und Geschichten bei Zytglogge

Simona Babst · Hape Köhli
RitterZeit
Mittelalter-Werkstatt mit Lesekartei

Das sorgfältig recherchierte, übersichtlich und ansprechend gestaltete Werkbuch enthält eine Fülle von methodisch-didaktischen Anregungen, die unterschiedliche Unterrichtsformen zulassen. Der 1.Teil beinhaltet ganzheitliche, «pfannenfertige» Aufträge für den Werkstattunterricht. Im 2. Teil befindet sich eine Lesekartei zum Jugendroman «Jaromir bei den Rittern» von Heinrich Wiesner. Eine Vielfalt praxiserprobter Unterrichtsmaterialien wie Lösungsblätter, Theaterszenen, Rätselbilder, Kreuzworträtsel, Schreibanlässe, Gedicht-Playback-Show, Ritter-Mathematik, Strasseninterviews usw. befriedigen den Wissensdurst von Schülerinnen und Schülern, und für die Lehrpersonen ist die Ritter-Werkstatt ein zeitsparendes Dienstleistungsangebot.

Elisabeth Schweizer-Mäder

Heinrich Wiesner
Jaromir in einer mittelalterlichen Stadt
Illustriert von Eleonore Schmid

Mit dem «Know how» des modernen Kindes bestaunt Jaromir das 14. Jh. mit seinen Zünften, seinem bereits ausgedehnten Handel, der eifrigen Bautätigkeit, vor allem aber in seiner alltäglichen Lebensweise. Auch negative Seiten, wie mangelnde Hygiene, Pest, Armut und ein grausames Strafrecht, muss er z.T. am eigenen Leib erfahren. Wiesner setzt den Akzent auf die Information über eine Epoche des Umbruchs und der sozialen Unruhen. In gut verständlicher Sprache und kurzen Kapiteln, die auch den jungen Leser nicht überfordern, entsteht ein lebendiges und vielseitiges Bild der Vergangenheit. Die Zeichnungen von Eleonore Schmid geben den präzisen Einblick in die Kleidung und die alltäglichen Gebrauchsgegenstände des Mittelalters.

Der ev. Buchberater

Alain Ziehbrunner
Jaromir Lesekartei
Werkbuch mit 52 Arbeitsblättern

Alain Ziehbrunner, der Biologe und Mittelstufenlehrer, hat zu Heinrich Wiesners Schülerromanen ‹Jaromir bei den Rittern› und ‹Jaromir in einer mittelalterlichen Stadt› ein Arbeitsmaterial geschaffen, das sich hervorragend für selbständiges und individuelles Lernen in offenen Unterrichtsformen eignet.
Die Lesekartei verknüpft Sprach- und Geschichtsunterricht. Sie besteht aus zwei unabhängigen Teilen, die jeweils auf eines der beiden Jaromir-Bücher zugeschnitten sind. Zu jedem Kapitel gibt es eine kopierbare Arbeitsvorlage mit Aufgaben, die gezielte Texterfassung und genaues Lesen fördern. Aus der Vielfalt der Arbeitsblätter mit unterschiedlichen Schwierigkeitsgraden kann eine niveauangepasste Auswahl getroffen werden. Lernzielkontrolle und Lösungen sind im Anhang zu finden. Didaktische Hinweise, Fotos und Arbeitspassvorlagen runden das anregende Werk ab. Für Lehrkräfte an der Mittelstufe ist es eine zeitersparende Ergänzung ihrer Unterrischtsvorbereitung.

Heinrich Wiesner
Jaromir bei den Mammutjägern
Illustriert von Eleonore Schmid

Jaromir begegnet in der Eiszeit Menschen, die ihm in praktischen Dingen weit überlegen sind: im Speerwurf, im Jagen, Schlachten, Fischen, in der Pilz- und Kräuterkunde, auch in der Kunst des Malens und Schnitzens. Und was er alles erlebt: Mit seiner Pistole kann er im letzten Moment seinen Freund Amuk vor einem Wisent retten. Nach der Verletzung durch einen Eber pflegt ihn die schöne Heilerin Tulla. Das grösste Erlebnis aber bleibt die Mammutjagd. Nein, da wird keine Grube gegraben – die Jäger stellen es schlauer an.
Als Internetfreak ist es für Jaromir logisch, dass er seine Erlebnisse bei den Cro-Magnon-Menschen in der Homepage präsentiert. Jaromirs Zeitreise räumt auf mit Irrtümern und lässt die Menschen der Eiszeit in neuem Licht erscheinen.

Geschichte und Geschichten bei Zytglogge

Alain Ziehbrunner
Jaromir Lesekartei
30 Arbeitsblätter und 9 Bastelanleitungen

Alain Ziehbrunner stellt erneut Materialien und knifflingen Denkstoff zur Verfügung. Diesmal zu Wiesners Schülerroman ‹Jaromir bei den Mammutjägern› und der darin behandelten Jungsteinzeit-Thematik. Die Arbeitsblätter und Bastelaufträge lassen der Lehrkraft von einem vertieften Leseunterricht bis hin zu einem ‹Steinzeit-Schulprojekt› alle Möglichkeiten offen.

Die Arbeitsblätter (Kopiervorlagen) können sowohl von den SchülerInnen in individuellem Tempo bearbeitet als auch – wenn etwas nur kurz behandelt werden soll – im konventionellen Frontalunterricht besprochen werden.

Die Bastelaufträge leiten zum Herstellen steinzeitlicher Alltagsgegenstände, Naturfarben und Malereien an. Erforderliche Materialien sind leicht zu beschaffen und Werkzeuge an der Schule meist vorhanden.

Wieder ein praktisches Lehrmittel, das SchülerInnen und Lehrkräfte gleichermassen begeistern wird! *Brigitte Feuz*

Autor und Verlag danken für die Druckkostenbeiträge:
der Richterich-Stiftung Laufen,
der Kantonalbank Basel-Land